教育部语信司—南京大学中国语言战略研究中心 主办
中国语言学会语言政策与规划专业委员会 学术支持

- 主　　编：徐大明
- 执行主编：方小兵

中国语言战略

2018.1

Volume 7
Number 1 (2018)

CHINA LANGUAGE STRATEGIES

国家"双一流"建设学科"南京大学中国语言文学艺术"资助项目
江苏省2011协同创新中心"中国文学与东亚文明"资助项目

南京大学出版社

出版说明

《中国语言战略》以语言规划为主题，由教育部语信司指导，教育部语信司—南京大学中国语言战略研究中心主办。中国语言战略研究中心成立于 2007 年，以推动和发展中国的语言规划研究为宗旨。

语言规划有助于引导语言生活向健康、和谐的方向发展，有助于保障个人或群体语言使用权益的充分实现，有助于促进国家统一、民族团结、社会稳定、经济发展和文化进步，对于像我国这样的多民族、多语言国家来说，意义尤其重大。

语言规划学是一门新学科，但语言规划的实践活动却历史悠久。在我国，语言规划的实践可以追溯到秦始皇的"书同文"政策，其后各朝各代在社会语言文字使用方面也不断进行引导或干预。新中国成立后，语言文字工作成为政府工作的一个重要组成部分。改革开放以来，特别是新世纪以来，语言文字工作进入了一个新的阶段。与此同时，我国的语言规划研究也逐步开展起来。

世界范围内，现代科学意义上的语言规划研究始于二次世界大战以后，我国学者紧跟时代步伐、顺应社会需要，开展了一系列具有划时代意义的语言文字工作。老一辈语言学家罗常培、王力、吕叔湘、周有光等，肩负起知识分子的历史使命和社会责任，在推动、促进文字改革，推广普通话和现代汉语规范化方面发挥了重要的作用，为我们树立了优秀的榜样。通过几代人的不断努力，语言规划研究已经初步形成了一个学科体系。

语言规划学是一门学术性和政策性、理论性和应用性兼重的学科，它的研究融语言学研究成果与国家、民族和社会的发展于一体，不仅进行理论研究，而且力图影响国家和政府的语言政策和语言文字工作。目前，国际上语言规划的研究已有重要的发展，也创办了一些有影响的专业期刊，如：1977 年创刊的《语言问题和语言规划》(*Language Problems and Language Planning*)，2000 年创刊的《语言规划的当前问题》(*Current Issues in Language Planning*)和 2002 年创刊的《语言政策》(*Language Policy*)等。随着中国社会的发展，创办一种以中国语言规划为主要研究对象、以中文读者为主要读者群的专业集刊也成为迫切的需求，《中国语言战略》就是对这一需求做出的反应。

遵循中国语言战略研究中心的宗旨，《中国语言战略》积极推动语言规划和语言政策的理论研究，促进适应中国国情的语言规划理论和语言规划学科的产生。在研究内容方面，《中国语言战略》主要关注中国社会所面临的种种语言问题，以及这些语言问题在政治、经济、教育、文化等领域中产生的影响。《中国语言战略》强调运用科学的方法，对语言现象和语言生活进行描写、分析和解释，在引进和借鉴国外的理论和经验的同时，以中国语言规划的实践和研究丰富和发展语言规划学的理论和方法。

在语言规划研究领域，语言战略研究是中国学者率先开展的新研究方向，是语言学与战略研究的结合，体现了应用驱动的理论创新。《中国语言战略》因此着重展现语言战略研究的新成果。我们热切地邀请海内外的学界同仁一起开展语言战略研究；让我们放眼世界、展望未来，为建设中国和世界的语言新环境而努力。

《中国语言战略》2012 年卷由上海译文出版社出版，自 2015 年卷本起，出版工作由南京大学出版社承担。《中国语言战略》在组稿和审稿过程中得到了海内外学者的热情支持和帮助，在此表示诚挚的谢意。

目　　录

树立"新时代"意识　做好语言服务研究[*]

陆俭明

提　要：本文强调进入新时代需加强语言服务理论与实践研究，因为新时代给语言文字工作赋予了新的使命，而语言服务已成为语言文字工作的重要组成部分；文章最后强调，语言服务研究必须进一步深化，语言服务研究工作必须具有科学性、创新性和前瞻性，为此我们必须要有国际视野，要有世界眼光，不能局限于本领域，研究力求要有渗透力。

关键词：新时代；语言服务；国家语言能力；语言产业

一　进入新时代需加强语言服务理论与实践研究

2010 年，北京市在首都师范大学率先成立了"北京语言产业研究中心"。广州大学紧随其后，于 2011 年成立了服务范围更广的"语言服务研究中心"。多年来，两个研究中心积极开展语言服务的理论与实践研究，都做了不少工作，特别是广州大学的"语言服务研究中心"，今天屈哨兵书记的报告告诉我们，中心成绩斐然，成果辉煌。

进入新时代，语言服务更将成为国家现代化进程中语言文字事业的一个重要组成部分，在国家经济建设、政治建设、文化建设中发挥着重要作用。因此我们需要进一步加强语言服务的基础理论问题和重要现实问题的研究。

要不断推进语言服务理论与实践研究，首先要深刻认识新时代，自觉树立"新时代"意识，同时还需清醒认识语言服务研究的大的时代背景，深刻认识语言、语言能力、语言教育、语言服务在当今时代的重要作用与意义。

"新时代"是就我们国家来说的。当然首先体现在社会的主要矛盾发生了深刻变化。在 1976 年前一直强调"以阶级斗争为纲"。"文革"后不久，1981 年十一届六中全会就放弃了"以阶级斗争为纲"之说，开始指出，我国社会的主要矛盾是人民日益增长的物质文化需要同落后的社会生产之间的矛盾。而在 2017 年 10 月 18 日，习近平在十九大报告中进一步明确强调："中国特色社会主义进入新时代，我国社会主要矛盾已经转化为人民日益增长的美好生活需要和不平衡、不充分的发展之间的矛盾。"

中国特色社会主义进入了新时代，这一重要判断具有重大历史意义。这就要求我们要有新的发展理念，要有新的全面深化改革开放的理念。"发展是硬道理"，发展是解决我国一切问题的关键。进入新时代要有新的发展理念，具体说，要坚持高质量发展，要坚持科学发展，要坚持创新发展，要坚持协调发展、绿色发展和开放的、共享的发展。只有这样，才能加快我国的建设步伐，把我

---

* 本文根据第三届语言服务高级论坛（2018－11－13，广州大学）发言稿整理而成。

国建设成为一个创新型国家。

要特别注意"创新型"三字。创新是引领发展的第一动力,是建设强大国家的战略支撑。"创新"具体体现在以下几个方面:要瞄准世界前沿科技,要强化前瞻性基础研究,要在引领性原创成果方面有重大突破,要在加强基础研究的同时,加强应用基础研究。语言服务研究就属于应用基础研究。

二 新时代给语言文字工作赋予新的使命

进入新时代对我国的语言文字事业也将具有重要的意义,产生巨大的影响,给我们语言文字工作赋予新的使命,带来新的机遇与挑战。

当今人类社会处在一个迅速发展变革的信息时代,其突出特点是:全球化、移动网络化、数字化和人工智能化。在这样的新形势下,任何国家都得考虑:语言文字事业如何聚焦国家战略,服务国家发展和社会需求。我们必须深刻认识语言、语言能力、语言教育在当今社会的重要意义。

如今,个人的语言能力已关涉到一个人的生存与发展,已成为与他人竞争的一个先决性条件;国家的语言能力已关涉到国家软硬实力的提升,关涉到国家的安全(赵世举,2015)。之所以这样说,是因为高科技的迅速发展,经济全球化,信息化和网络化大普及,带来了全球性的商品流、信息流、技术流、人才流和文化流,国家与国家之间、地区与地区之间的交流日益频繁,日趋多样化。要让这一条条细流汇合成畅通无阻的洪流,语言能力是一个不可缺少的必备条件。

国家语言能力跟获取信息的能力,跟信息资源的储备、利用、保护的能力,跟国际空间的开拓能力和国际竞争能力成正比;在移动网络化、数字化的信息时代,任何国际交往和国际利益的争取与维护,更需要有很强

的语言能力的支撑(赵世举,2015)。因此,世界各国都开始重视语言、语言能力、语言教育。联合国教科文组织与我国教育部、国家语委合作于2014年6月6—7日在我国苏州举办"世界语言大会",就清楚地表明了这一点。这届世界语言大会紧紧围绕着"语言能力与人类文明和社会进步"这一主题,就"语言能力与社会可持续发展""语言能力与语言教育创新"和"语言能力与国际交流合作"三个议题展开认真讨论,最后达成了《世界语言大会苏州共识》(以下简称《苏州共识》)。《苏州共识》篇幅不长,不到800字,但概括全面,明确而清晰地说明了"语言是人类文明世代相传的载体,是人类相互沟通理解的钥匙,是人类文明交流互鉴的纽带",以引导人们认识在当今社会提升语言能力革新语言教育的重要性。

如今,语言文字事业在任何国家都具有基础性、全局性、社会性和全民性的特点,已成为国家综合实力的重要支撑之一,事关国民素质提高和人的全面发展,事关国家统一和民族团结,事关历史文化传承和经济社会发展。

因此,如今各国政府不能不重视语言、语言能力、语言教育、语言服务的问题。

三 语言服务已成为语言文字工作的重要组成部分

语言服务已成为语言文字工作的重要组成部分。就其服务范围而言,一般认为主要涉及四个方面:为政治建设服务,为经济建设服务,为文化建设服务,为国家和谐的语言生活建设服务。

语言之为政治服务,主要关涉国家统一、国家稳定、国家外事利益和国家安全问题,乃至关涉国家发展战略问题。

语言之为经济服务,源于语言与经济的密切关系——语言能力本身就是劳动力的

一个重要因素,经济活动都得通过语言来组织、开展,而语言及其衍生产品都可以转化为商品和财富,而语言规划的制定与实施需要经济支持。

语言之为文化服务,那是显而易见无须多说的,因为语言是文化的主要载体;文化、科技的记录与传承主要靠语言。我们更要有意识地通过语言构建文化。

语言之为和谐语言生活服务,那更不用说了。大家知道,语言是一种神奇的社会现象。这一点,我国古代老百姓早就认识到语言是一把双刃剑——好的一面,如金,如玉,如药,所以有"金玉良言","良药苦口利于身,忠言逆耳利于心"之说;坏的一面,则可以如刀如枪,可以杀人,也可以伤害自己,"唇枪舌剑","谣言可以杀人","祸从口出",说的就是这个意思。

所以提倡说文明话,做文明人,有助于构建和谐的语言生活。2017 年 9 月 11 日至 13 日在北京举行的"首届中国北京国际语言文化博览会",其主题之一就是"语言,让世界更和谐,文明更精彩"。

上述四个方面实际上是很难分割的,都是你中有我、我中有你。

目前大家比较熟悉的、谈得比较多的是语言经济服务。说到一个国家的发展和一个国家的综合国力,一般首先想到的是经济的发展与实力,因为经济是一个国家发展的基础、发展的命脉。可是经济离不开作为经济支柱的四大要素,即资金、技术、人才和资源。

语言跟这四大经济要素息息相关。特别是在当今社会,语言已经成为一种可以被进一步开发利用的、新的无形的资源,而且关涉人的素质,并且可直接衍生为财富。因为一个国家语言能力的提升不仅"能增强不同语言群体之间的经贸往来降低经济活动协调、管理、信息交流的成本"(张卫国,

2016),而且语言产业可以直接为国家创造可观的产值。瑞士的语言产业每年为瑞士获取 500 亿瑞郎的收入(转引自李宇明,2012)。据媒体报道,英国早在 2010 年语言教育和语言服务所创造的年收入就高达 130 亿欧元。而我国的语言产业,有人统计 2016 年的产值就已经高达 4190 亿元人民币,占国民生产总值的 0.56%(李艳,2018)。

关于语言产业,北京语言产业研究中心(2012)将其分为九大业态:语言培训行业、语言翻译行业、语言出版行业、语言文字信息处理行业、语言文字康复行业、语言测试行业、语言创意行业、语言艺术行业和语言会展行业。

这个分类基本符合目前的状况。但是我认为如今需要增加一个业态,那就是"语言人工智能行业"。要知道,"人工智能是新一轮科技革命和产业变革的重要驱动力量"(中共中央政治局 10 月 31 日下午学习会)。智能化已成为人类社会发展的大趋势。

四　语言服务研究必须进一步深化

这样看来,语言服务研究必须进一步深化,必须高质量发展,这突出体现在语言服务研究工作必须具有科学性、创新性和前瞻性。

如何能做到上面的要求?必须要有国际视野;要有世界眼光;不能局限于本领域;研究力求要有渗透力。

我们国家要参与全球治理,要传播我们的中华文化,要获得国际上的话语权,都需通过语言。语言不仅起着沟通信息的作用,更起着沟通人心的作用。语言如何服务于"一带一路"建设,语言如何服务于构建人类命运共同体,语言如何服务于获取国际话语权,这都是摆在我们面前的重大现实课题,也是语言服务研究的基础性研究课题。

要特别关注语文教学与面向世界的海

外汉语教学这两件事。国家语言能力的基础是国民个人和国民整体的语言能力。而国民个人的语言能力，包括母语素养与能力，外语能力，主要靠中小学阶段的培养；而语文教学和外语教学应负起主要责任。

目前我国国民个人和整体的母语能力如何？外语能力如何？目前的语文教学与外语教学，哪些值得肯定？存在什么问题？如何进一步革新语文教学与外语教学？这都亟须进行深入的调查研究，以给有关部门提供政策依据。

如今汉语教学正在偶蓬勃开展。这里所说的"汉语教学"包括在国内开展的"对外汉语教学"，在境外开展的"汉语国际教育"，以及在境内外开展的"华文教学"。汉语要走向世界，但汉语不会自己走向世界。汉语走向世界的主要渠道是积极开展汉语教学。

早在20世纪80年代，中央就指出"对外汉语教学是国家的、民族的事业"，要高度重视。进入21世纪，特别是2005年的第一次世界汉语大会之后，国家对汉语教学进行了更大的投入，汉语教学在全球蓬勃开展。

现在，汉语在全球传播的实际情况如何？汉语教学成绩具体体现在哪些地方？主要存在什么问题？汉语教师的培养、汉语教材的编写应该走什么样的路子？如何处理好汉语教学中的语言教学与文化教育的关系？汉语教学今后的走向应该如何？主要该抓什么问题？特别是，汉语教学如何为"一带一路"建设、为构建人类命运共同体服务？这都是汉语服务研究应该探究的问题。

更重要的要设置好话题（李宇明语，在一次会议发言中说的）。目前我们国家提出的一些话题很得人心：（1）提出"一带一路"建设构想；（2）提出"构建人类共同体命运"的构想；（3）提倡创新、协调、绿色、开放、共享的发展观；（4）提倡践行共同、综合、合作、可持续的安全观；（5）提倡秉持开放、融通、互利、共赢的合作观；（6）提倡树立平等、互鉴、对话、包容的文明观；（7）提倡坚持共商共建共享的全球治理观。

习近平总书记在上海举办的"进博会"开幕式上的讲话，更引起国际的共鸣。特别是下面这一段话：

中国是世界第二大经济体，有13亿多人口的大市场，有960多万平方公里的国土，中国经济是一片大海，而不是一个小池塘。大海有风平浪静之时，也有风狂雨骤之时。没有风狂雨骤，那就不是大海了。狂风骤雨可以掀翻小池塘，但不能掀翻大海。经历了无数次狂风骤雨，大海依旧在那儿！经历了5000多年的艰难困苦，中国依旧在这儿！面向未来，中国将永远在这儿！

看来摆在我们语言服务研究面前的任务不轻。这也意味着进入新时代，对语言服务研究者提出了更高的要求：

要求之一，必须养成勤于思考的良好习惯，而且要善于进行多角度、多方位、多层面的思考，更要进行深度思考。要知道，创新来源于深度思考。

要求之二，必须树立这样的理念：让语言服务研究中心成为国家语言政策的依靠之一。

要求之三，不要囿于本学科，视野必须要宽。不仅要越出语言学领域，还得越出人文社科领域。

要求之四，要时时关注国家的发展，要时时了解世界的发展动向。譬如说，习近平在"进博会"开幕式上的讲话给世界传递了什么信息？从事汉语本体研究的学者可能不怎么关心，从事语言服务研究的学者就一定得关心。

习近平总书记在"进博会"开幕式上的讲话给世界传递了以下重要的信息：

重申中方捍卫经济全球化的坚定立场。

提出各国开放合作的三个"坚持"——

坚持开放融通,拓展互利合作空间;坚持创新引领,加快新旧动能转换;坚持包容普惠,推动各国共同发展。

宣布五个方面更大力度的开放举措——激发进口潜力、持续放宽市场准入、营造国际一流营商环境、打造对外开放新高地,以及推动多边和双边合作深入发展。

宣布三个"没有改变"——中国经济发展健康稳定的基本面没有改变,支撑高质量发展的生产要素条件没有改变,长期稳中向好的总体势头没有改变。

语言服务研究领域很宽广,各单位各个个人可以根据任务的需要和自己的兴趣来选择研究课题。只要我们具有创新思维能力,勤于思考,不断探究新的研究视点,语言服务研究必定不断绽放灿烂的胜利之花。

参考文献

北京语言产业研究中心.2012.语言产业导论.北京:首都师范大学出版社.

李艳.2018.对当前英国语言产业及语言服务状况的调查与思考.云南师范大学学报(对外汉语教学与研究版)(3).

李宇明.2012.认识语言的经济学属性.语言文字应用(3).

张卫国.2012.遮蔽与澄明:语言经济学的几个基本问题.学术月刊(12).

赵世举.2015.语言与国家.北京:商务印书馆.

作者简介

陆俭明,北京大学中文系教授、博导,国家语委咨询委员会委员,主要研究方向为现代汉语本体研究与应用研究。电子邮箱:lu_ma2008@pku.edu.cn。

Deepen Research in Language Service in the New Era

Lu Jianming

Peking University

Abstract:This article highlights the role of language service in the new era as an important component of language work, and calls for deepening research in the theories and practice of language service. This article emphasizes that as research in language service is broadened and deepened, it should remain scientific, innovative and have a leading role in the field; and to achieve this goal, research should be conducted with a global and holistic perspective, crossing national and disciplinary boundaries.

Key words:new era; language service; national language capacity; language industry

语言景观与语言经济*

井上史雄   包联群［译］

提　要：对（外国）语言的关注曾经主要受到宗教和战争的影响，但在 20 世纪之后，它更多受到经济的支配。经济发展反映在语言景观中，如日语和外语之间的相互影响既反映在日本的外来词中，也反映在输出词中。从世界地图看，以下三个现象显示出重合：易于观察的语言景观、可靠的国际民意调查和谷歌搜索。这是一种三角测量，最近才成为可能。这些现象催生新的"语言地理学"和"语言经济学"，这在经济发展的北美、欧洲和东亚，最为显著。从经济发展的相反方向来看，濒危语言在全球范围内分布不均，它们对应于经济发展缓慢的三个区域：南美洲、非洲和南亚。经济原则在濒危语言中发挥作用，即经济发展带来地区收入差距，导致人口迁移到城市。在这个过程中，通用语广泛传播，方言和少数民族语言消退，年轻一代在很大程度上未能获得祖传语。不过，城市迁移者许多是双语人，能记住家乡的语言（或方言），这样，语言调查者无须前往遥远的乡村即可进行语言调查，主要是依赖"记忆时间"（语言回忆）方法。城市语言场景中隐藏着多样性，必须从新的角度进行检验。

关键词：语言景观；语言经济；输出词；语言地理学；语言经济学

一　语言景观

（一）新领域的语言景观

本文将使用各种各样的资料来探讨语言与经济之间的关系，以此来说明语言经济学的可能性和有效性。

研究语言经济学的材料之一是语言景观（linguistic landscape）。"景观"一词源于德语 Landschaft，"语言景观"就是 Sprachlandschaft，相对于英文的 linguistic landscape。有声音的语言本来是可以看到的，所以是视觉语言学和映像语言学（visual linguistics）的一个领域。

（二）语言景观的质和量

语言景观有以下几个特点。其一，所谓的景观之质和量存在比例关系（井上、包，2015）。被经常使用的语言很少出错，偶尔使用的语言具有容易出错的倾向。例如，图

1 的"いらっしゃいませ"（欢迎光临）后边因为加了一个「ん」（n），使其表达的意义完全相反了（即：不欢迎光临）。图 1 的牌子是在台湾地区拍到的。图 2 是我朋友在上海拍到的照片，他以为，因为不喜欢日本人所以在故意恶搞。但是，因为朝鲜语和英语也同样有错，所以可能是使用翻译软件的缘故。同样，在网上检索"可笑英语"（funny English）的话，也能发现许多类似现象。

图1　［いらっしゃいませ］＋「ん」

---

* 本文是在第 16 届国际城市语言学会年会（ULS16，日本大分）报告的基础上修改而成。

图 2　上海的标牌错译

（三）海外日语

我的一位朋友曾给我看过某航空公司在飞机上发的一种卡片（见图 3）。卡片的功能是：乘客准备睡觉时，可以分别在桌板上放置"请唤醒我用餐"或"请勿打扰"卡片，以提醒过来送餐的乘务员。上面的英语、俄语或汉语的意思相同，表达没有问题，但是日文片假名的意思就不太明确了。在 Please wake me up 旁边用片假名写为カキクケーアイエウ（Kakikuke-aieu），Please do not disturb 是 ソヌオウエウカオ（sonuouekao）。这种微妙的日语是怎么诞生的呢？下面是我们的推测。

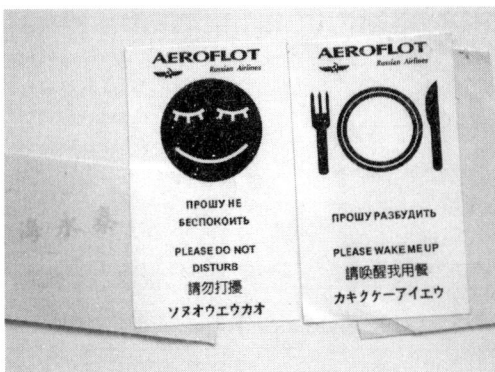

图 3　客机发放卡片上的日语失误

我们可以这样设想，航空公司想要找个日文翻译人员，听说有人懂日语，但是那个人是初学者，他使用字典或参考书找到日语

文字，然后就随便写了一下，相关工作人员也不懂日语，所以就这样随便糊弄了一下。好在因为有绘画，还有边上的英语和俄语，所以意思大致能通。注意到日语表达很怪的旅客，可能还会享受到旅途带来的快乐。

在世界各地都能找到 Super Dry 的广告（见图 4）。Super Dry 广告，在使用「極度乾燥（しなさい）」这种微妙的日语。大概能读懂的人不多。

图 4　Super Dry 广告（Kiev 2018）

语言景观中的语序也有问题。

图 5　日语语序

图 5 是捷克的布拉格的观光宣传牌。很明显，日语语序与欧洲各语言不同。中文和欧洲诸语言一样。看看街上的广告也可以学到语言学知识。

二 语言经济学

经济常常体现在语言背后,以下三个资料都说明了这一点(Inoue,2015)。

实际上,我们就近就可以观察到语言景观,这也是具有可信度的国际舆论调查。以前我们无法想象得到的、大量的资料通过谷歌(或百度)就能很轻松地检索到。如果使之相结合,我们也可以给世界语言拟定其地位。

通过检索可以发现,每当发生战争,人们对语言的关心度也会提升。现在谷歌有Google Ngram Viewer 的检索方法。在谷歌网站上,通过 Google Books,可以阅读到数量惊人的信息。利用这些数据,我们可直接获取语言使用变化及体现在如图表上的资料信息。下面我们看一下图 6 的四种语言近 300 年来的变化。用英语检索了日语、中文、朝鲜语、俄语。红色表示中文,曾经成为一个热门话题,特别是鸦片战争时期处于高峰期,其后经常出现于书本中。1990 年以后急增至四个语言的顶端,可以解释为改革开放政策以来的经济发展。绿色表示俄语,1810 年左右拿破仑入侵时,以及 1830 年的露土战争、1917 年的俄罗斯革命时期,都有一个高峰期。另外,1960 年的大高峰期可以解释为冷战期,特别是古巴危机的时候是最大的。蓝色表示日语,直到 1868 年明治维新也没有成为话题。1894 年的甲午战争、1904 年的日俄战争、1914 年的第一次世界大战、20 世纪 30 年代开始的日中战争时期,都有一个小的高峰。第二次世界大战时,也被报道过多次。之后在 1990 年左右达到顶峰,但幸好不是因为战争,而是可以解释为起因于经济发展。泡沫经济崩溃之后,就再也没有被提及过。橙色的朝鲜(韩)语,以前没有成为话题。但是 1950 年的朝鲜战争之后成为话题,最近可能是以韩国经济发展为背景。19 世纪时,这四种语言的

差异很大。不过,到了 20 世纪,相互就比较接近,现在是处于一个竞争状态。

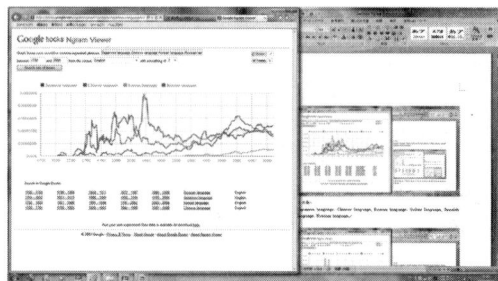

图 6　战争和语言

如图 7 所示,同样在谷歌爱纳克维尔里(Google Ngram Viewer)检索了"语言·经济·战争·政治·宗教"这 5 个词。如果我们看其 300 年的动向,几乎总是蓝色的表示"战争"(war)的处于第 1 位,特别是在第一次世界大战和第二次世界大战时期。但是,到了 20 世纪末,红色的"语言"(language)超过了表示"战争"的蓝色线,这是因为人们开始讨论很多关于语言的问题。绿色的"经济"以前几乎没有被提及,但是在 20 世纪末期名次得到了提升。"宗教"和"政治"的排名下降了。在 20 世纪末期,人们对"战争"淡薄了,好像开始关注"语言"和"经济"了。

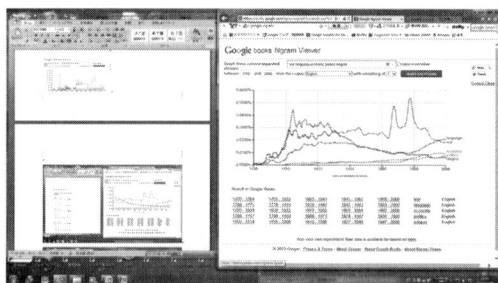

图 7　谷歌检索结果:"战争·经济·语言"①

语言经济学也是在这个时候成立的。Coulmas(1992,1993)是属于典型的先前研究。冷战结束、苏联崩溃(1991)、欧盟成立

---

① 图 7、图 8、图 17 和图 27 请微信扫二维码看彩图。

(EU 1993)和翻译费用等问题是其契机。在亚洲,中日建交关系正常化(1972 年)之后,中国开始了改革开放。其后,在中国成立的语言经济学会也表明了这一点。这次ULS16 的主题正是"经济与语言",也可以说是一个很及时的话题。

通过谷歌检索,我们可以了解到进入 21 世纪后的谷歌搜索中使用的单词频率。同样检索"语言·经济·战争·政治·宗教"这 5 个词(见图 8),可以看到大约 10 年间的动向,结果显示所有词的频率都下降了。然而有关娱乐方面的单词在增加,表明用电脑检索的人的社会层次及关心度已经有所变化。蓝色的线表明对"战争"的关心度是最高的,其次是红色的"语言",剩余的三个差别不大。橙色的"宗教"比绿色的"经济"稍高一些。与原来不同的是,伊斯兰教成为话题。

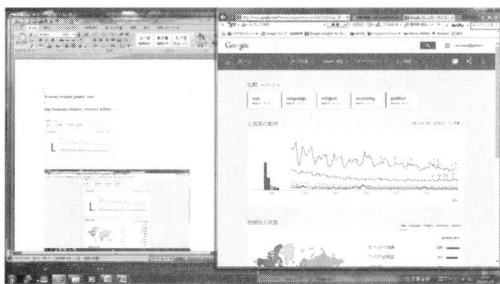

图 8 战争·经济·语言

三 外来词和输出词

对外来词(loanwords)和输出词(lendwords)的研究是本体规划的内容。外来词在日本有很多相关研究(三轮,1977),但是输出词的研究很少。不管是外来词还是输出词,都是借用语,适用于"像水一样从高处流到低处"的一般法则(楳垣,1963),即反映了语言的市场价值。

(一)"战争"外来词

图 9 的资料来自楳垣实的《外来词辞典》,其中标有借词开始进入的年代。基于

荻野纲男统计的数据(荻野,1988),及其反映时代长度的散布图,我们进行了改制(井上,2016)。我们不考察细微的语言变化,而是看用粗线所表示的总趋势统计。如红线所示的近似线,它以一定的比例在增加。由于纵轴表示对数,所以实际上是成倍增长。

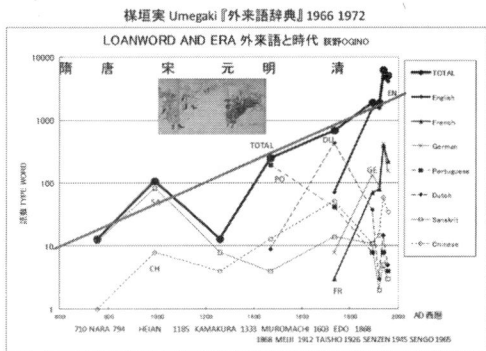

图 9 外来词和战争

在 13 世纪的日本镰仓时代,即中国的元朝时代,粗线低落,这是镰仓武士之间争夺的时代,也是由于元朝入侵使日中关系恶化的时期。战争阻碍了语言和文化交流。在其他时代,日中贸易文化交流以各种形式进行,因此产生了外来词。从 16 世纪,室町时代末期开始,虽然有一些与西洋直接进行的贸易,但实际上主要是由中国人作为中介活跃于其间。图 9 的表格可以说明外来词能够显示语言和经济关系。

(二)输出词和经济

接下来看输出词。这是 20 世纪末由国立国语研究所进行"日语观国际调查"时的输出词案例,是用来探讨输出词在世界各国的使用情况,这是一个划时代的研究(井上,2000,2001,2010,2011)。这些是可以信赖的调查数据,可惜只调查了 4 个单词。不过,与 Google trends 的调查结果相一致。图 10 显示,输出词在经济发展显著的地区(美国、欧洲和东亚)被广泛使用。从日本的

输出词看,在欧美被使用的有 kimono、shogun 这样的古老单词,在亚洲有 sakura、sukiyaki 等新近传播开来的单词。

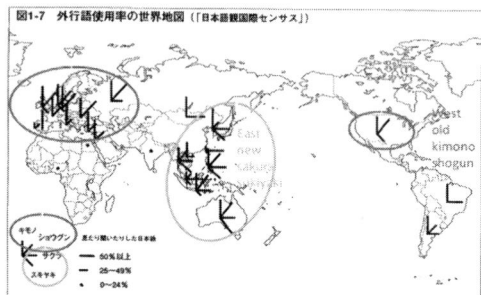

图 10　输出词(4 种语言 28 个国家)

以前难以得到数量可观的数据,现在凭借网络发展都能弄到手里。例如,我们可以下载谷歌 trends 数据。我收集了以前出现过的 114 个输出词,考察它们在世界各地是如何使用的。在检索和下载后,我汇总成很大的数表,进行统计分析并制作了世界地图,如图 11(井上,2012)。圆圈的大小表示在不同国家输出词的多少。

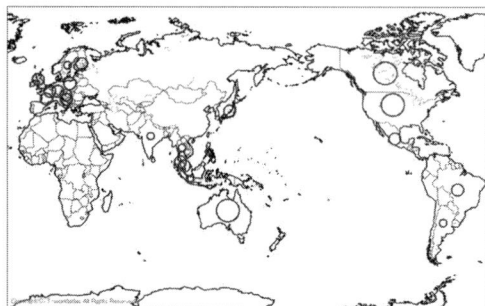

图 11　输出词地区分布(114 个单词)

因为是用英语拼写方式检索的输出词,所以理所当然在英语国家居多,但还是有很多使用阿拉伯字母的国家。经济发展最显著的北美、西欧和东亚地区,情况差不多一致,但也有例外。中国和韩国没有登场,这是因为那里使用的是汉字或韩文(井上、柳村,2015)。用同类数据比较不同国家(地区)输出词的数量,然后进行排列,得到如图

12 所示的前 50 名国家(地区)。

在数字计算后用地图表示,可以给人留下更直观深刻的印象。上述"日语观国际调查"中所看到的倾向适用于世界三个地区:以美国为首,东南亚诸国并列,南美和西欧诸国继后。输出词首先进入美国英语,然后普及到其他国家(地区),所以在以英语为通用语的国家末尾加了黑点(●)。前 10 位国家这些符号大多重叠在一起,但是以非洲英语为通用语的国家处于下位,也有不能进入前 50 名之内的国家(地区)。这不只是英语的问题,而是与日本的经济交流多少有很大关系,暗示着语言和经济这两个因素对使用输出词的国家(地区)顺序具有强烈的影响。

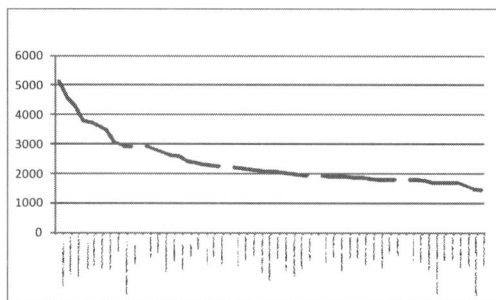

图 12　输出词排列前 50 名国家(地区)

在以上的输出词数据中,我们考虑了进一步组合语言外的经济指标。我们下载了日本贸易出口额的数据,根据国家画了分布图。图 13 的横轴表示输出词使用数,纵轴表示贸易出口额。右边上升的趋势表示有正关联,近似曲线表示了整体趋势。如果仔细看,会发现右上边分布着美国和欧洲各国,亚洲在其下面,非洲在左下面。使用输出词多的国家,其贸易出口额也多。不过,也有贸易出口额很多但输出词使用数量少的国家(如左上),这些是使用汉字的中国和使用阿拉伯文字的中东诸国,还有如韩国和俄罗斯这样不使用阿拉伯文字的国家。与贸易量相比,这里的输出词比较少。因为谷歌的数据是基于单词,所以如果用阿拉伯字

母检索,那么使用其他文字国家的数值就会变低。除了这些例外,贸易量和输出词数已呈现出了很明确的相关关系。

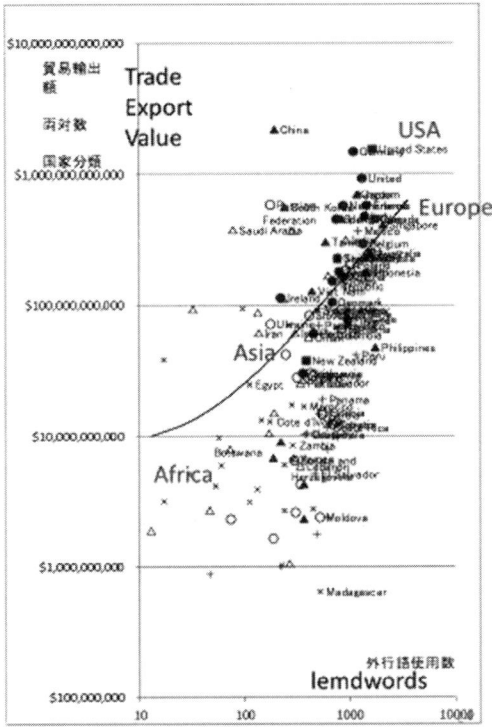

图 13　输出词与贸易输出额之间的关系

如上所述,在统计时我们有必要注意文字体系。总体来说,我们明确了输出词与经济因素是密切相关的。总而言之,我们分析了以前无法想象的有关全世界语言使用的网络云数据。

（三）输出词的历史和经济

下面来看一下输出词的历史情况。通过《牛津英语词典》(OED)可以了解到每个单词最初是在哪年出现的。图 14 的折线图把 1600 年以来的 400 年用每 50 年一个阶段来显示,纵轴表示各时期产生输出词的数量。在 1868 年的明治维新前后,出现了很多输出词。其后,在日俄战争、第一次和第二次世界大战时期就减少了。20 世纪后半期有所增加。

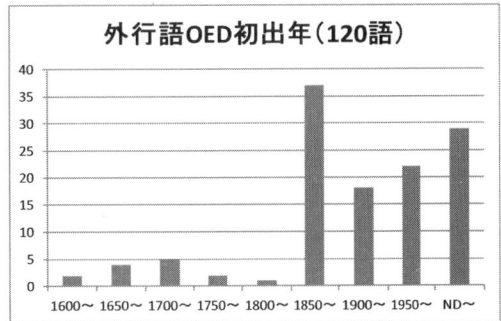

图 14　《牛津英语词典》记载各时段产生的输出词

我们也依据 Google trends 进行了检索次数的调查。结果如图 15 所示。横轴是400 年间输出词的初出年,纵轴是谷歌检索次数的趋势,用近似曲线表示。可以发现,很早进入英语的单词和最近进入英语的单词被检索得多一些。换言之,原来就被使用和最近才被使用的日常用语,检索得最多。

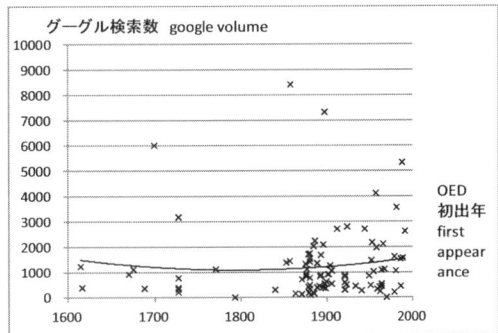

图 15　输出词的 Google 检索次数

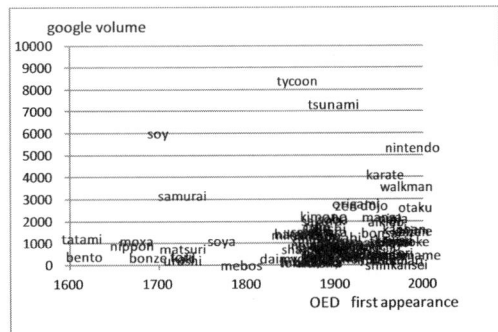

图 16　输出词标签的《牛津英语词典》最初出现年

图 16 所示的是对具体输出词的统计。1868 年以前的江户时代,输出词主要是塔塔米、弁当、莫格萨(mox)、酱油、武士(samurai)等,大多是表示当时的相关风俗和土特产等方面的单词。明治时代有很多输出词,但是由于现在不太使用,所以在图表上看不出来,仅有指将军的大君(tycoon)和 tsunami(海啸)等比较突出。20 世纪末期,任天堂(Nintendo)、步行者(Walkman)、空道(karate)、御宅族(otaku)等有关近代技术的单词很引人注目。

(四)输出词和语言生产总值(GLP)

英语的输出词数目很多,到了处理不完的地步。当然,美国英语和英国英语的扩展方式有所不同。汉语、朝鲜(韩)语、西班牙语也都面向全世界产生了输出词,也可以制作成地图。把我们在这里介绍的处理日语输出词的方法进行复制,可以得知全世界诸语言的相互影响。不过,由于文字不同,其中的经济交流可能是隐性的,不容易看出。正因如此,以往研究对此没有太多涉及。汉语和其他语言的借用关系,不仅是文字,还有翻译等许多问题,所以并不是那么简单。

总而言之,如果根据初出年和使用率来统计输出词,就可以不被个别例子所迷惑。如果发生战争,语言交流也会减少。像"笨蛋"(Bagayaro)这样的日语词被借入汉语,而像"姑娘"和"老头子"这样的中文被日语借入,这属于布龙菲尔德(Bloomfield)说的亲密借用(intimate borrowing),只是因为日本侵略中国而没有持续下去,因为语言借用和文化交流需要和平环境。

语言交流和接触背后起到决定性作用的是经济因素,国家间的交流会影响到国民生产总值(GDP),而且一种语言可以在很多国家和地区被使用。中文在大陆、台湾,以及新加坡等地被使用,英语在美国、英国、澳大利亚、新西兰等国家作为通用语使用。在

处理这个问题时,"语言生产总值"(Gloss Language Product,GLP)的想法很有帮助。根据语言(说话者数)的加法可计算国家 GLP 数值。

图 17 表示的是 1995 年到 2018 年的"语言生产总值"。左边的英语具有压倒性,但是现在汉语也追赶上来了,有人预测到 2030 年汉语可能会成为第一位。以前日语排名是第二位,现在排名下降了。这个图表反映了语言市场价值,语言市场是被经济力量所支配的(井上,2011),有时也会被信息量(知识的集成)所左右(井上,2011)。这些会支配外来词和输出词以及语言景观,对外语学习者人数产生影响。在此,语言和经济的关系被展示得很明确。

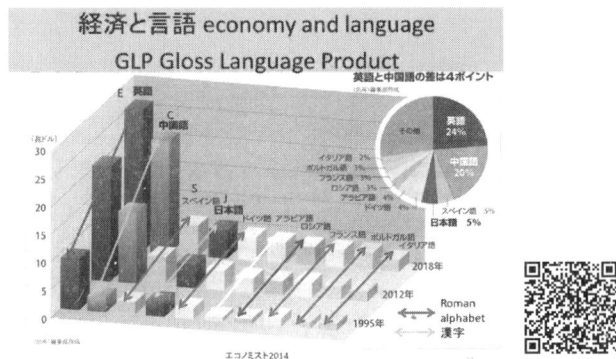

图 17 语言生产总值

四 三处明亮地和三处黑暗地

(一)三处明亮地的权威语言

俯瞰整个地球,可以感知经济发展显著地区和落后地区的语言情况具有很大区别。图 18 显示了从人造地球卫星拍摄到的夜晚的地球(井上,2017)。全世界有三个地方是明亮的,分别是北美、西欧和东亚。这些是有经济实力的地区,其通用语和标准语具有活力。这个地理分布与 GDP 的分布完全一致。国家之间也存在明显不同,例如,与邻国相比,朝鲜和缅甸晚上很暗,其 GDP 也很

低。换言之,亮度与经济发展有关。因为如果经济发展、资金充足,晚上的照明就很充足。

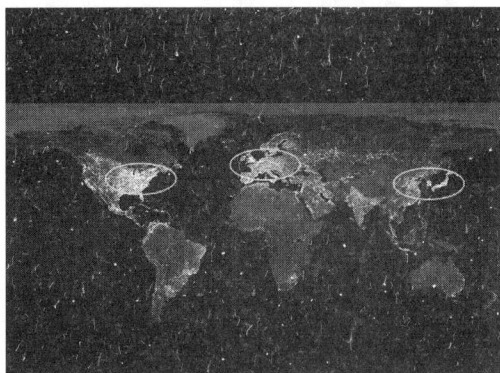

图 18　世界上三个明亮地区

图 19 是世界 GDP 地图,与图 20 的人口密度地图一致。人口越是集中,夜晚就越变得明亮,这是理所当然的事情,而人口密度高的地方也是城市发达的地区。

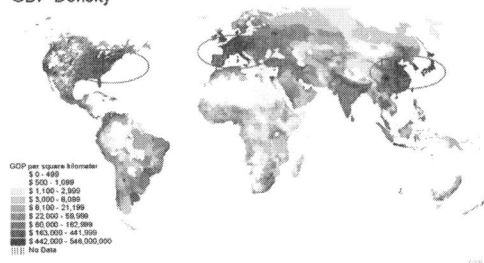

图 19　世界 GDP 地图

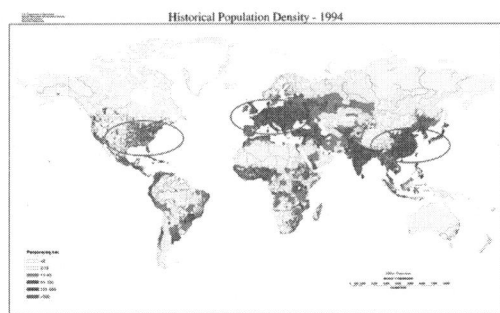

图 20　世界人口密度分布图

图 21 对 750 万人以上人口的城市作了标记,也是 ULS 学会的研究对象。前面提到的三个地方仍然存在共通点,只是在这里增加了南美、非洲和南亚的大城市。大城市是人口聚集之地,人们聚在一起,是为了方便进行互相交流,这样就会使用能沟通的通用语言。晚上在明亮的地方,语言的单一化也会发生。夜晚明亮的都市,在公共场合使用的语言也在被统一化。

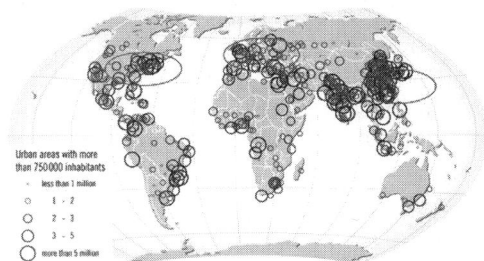

图 21　世界大城市的分布情况

图 22 可以解释我们的结论(井上,2017)。夜晚的明亮度与繁华街的广告是相关联的,也就是说与语言景观相关联;夜晚的亮度和语言景观反映了经济发展;语言景观可以反映某地区的多语化,与外来词和输出词的多少相对应。不管使用哪一个指标进行研究,我们相信都会得到类似的结果。

图 22　夜晚的亮度:语言景观与经济发展

(二)三个黑暗地区的语言濒危

不发达地区包括发展中国家或者刚刚

起步的发展中国家。在图 23 中，南美、非洲、南亚三处夜晚暗，GDP 低，人口密度低。同时，这里是一个濒危语言和语言传承困难的地区。

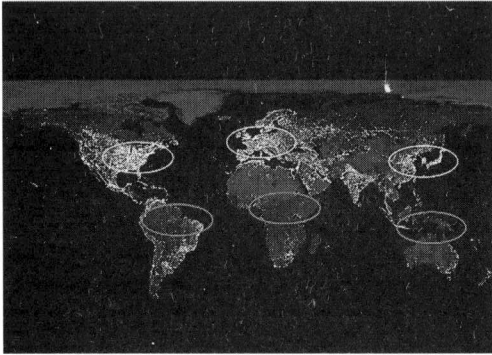

图 23　夜晚黑暗的三个地区

图 24 显示了母语说话人数量少的语种分布。分布多的地区是南美、非洲和南亚三个地方。印度附近除外。

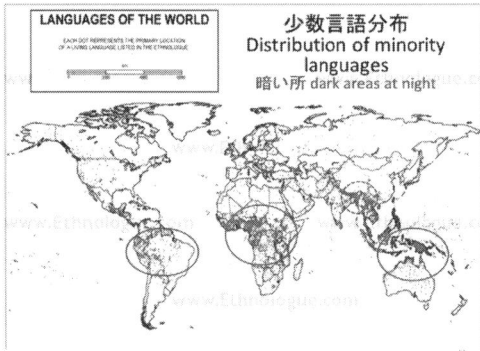

图 24　人口较少的语言的分布图

图 25 是世界濒危语言分布图，也是南美、非洲和南亚这三个地区。晚上很暗，是GDP 较低的地区。明亮的地方很富裕，也有好的工作，人们寻求高收入聚集于此。说濒危语言的人为了寻求好的生活，就到收入好（GDP 高）的城市。由于城市聚集人群，所以人口密度会变高，夜晚也变亮了。人一聚在一起，为了便于互相沟通就使用同一个语言。因此，夜晚明亮的地方就出现语言的单一化。

危機言語 Endangered languages
暗い所 dark areas　厳しい環境 tough environment

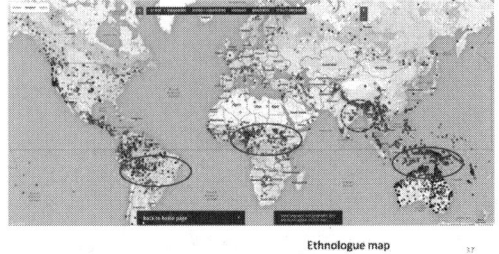

Ethnologue map

图 25　世界濒危语言分布图

虽然夜晚明亮的都市语言趋于统一，但是人有使用两种语言的能力，人们在家庭里也会使用其他的语言。住在城市的人虽然平时不使用，但也拥有记忆着的、潜在的能使用的语言。也就是说，在大城市内部隐藏着从乡下移民的语言。因此，从语言方面来说，存在"城中村"。换言之，强势的大语言在城市中得到普及，但是其背后存在少数语言、濒危语言以及方言等，这是都市语言的多样性。例如，印度支那半岛的少数民族，除了在山间部建造村落居住以外，也居住在所在国的大城市中，也可能作为难民移居到其他城市。大城市语言比较复杂，说外语的人有固定居住的倾向。大城市中也有移民和常驻人员，还有从农村和山区移居的人们。

在收集各种各样的地图时，我们发现濒危语言的分布与树木覆盖率地图相似（见图26），与濒危语言的 3 个地区也很一致（井上，2017）。绿色和蓝色是森林增加的国家，是夜晚明亮的国家，进行了植树和保护。红橙色是森林减少的国家，也是夜晚黑暗的国家。

另外，濒危语言分布与世界农业分布图也很一致，特别是与烧田农业的分布地区重合。在烧田农耕中，木材作为燃料被消耗，导致树木减少。另一方面，与卫星照片上夜晚漆黑的地区相似,与 GDP 等经济指标低的地区重合。这样,我们就可以解释其成为濒危语言的大致机制。各种各样的因素连动,具有复杂的因果关系。

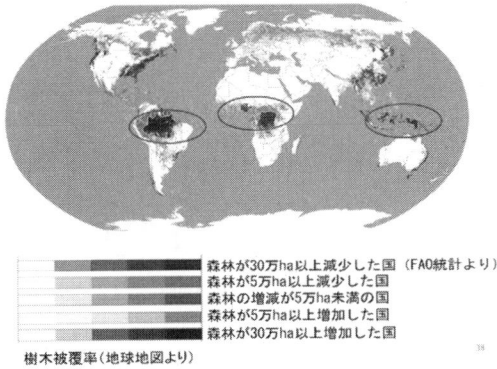

图 26 树木覆盖率(Forest coverage)地图
(摘自地球地图)

对濒危语言的研究和保护是很重要的,但是我们也要注意在它背后起决定性作用的经济原理。随着世界经济的发展,出现了濒危语言。为了保护语言,需要巩固经济基础。另外,为了对濒危语言实施记述和研究,也需要考虑经济,城中村这种现象值得我们注意。

五 移居地的语言调查

一说到语言学和方言学的田野调查,人们就会想到去一个遥远的且交通不便的、说目的语的地方去调查。事实上,我们可以在附近的移民聚集地进行调查。战后对美国移居的犹太人的调查具有典型性。调查欧洲各地的原居地的语言,可以看到其地域差异。同样的调查曾对埃塞俄比亚的少数民族语言也进行过。在东京也可对从各个地方来的人进行调查,没有必要去八丈岛和鹿儿岛,因为在城市调查既有价值又很经济。城市人有必要使用共同语言,因此表面上标准语是最普及的,但是考虑到其潜在使用能力,都市语言是多种多样的。从乡下过来

的,记得故乡话、会说故乡话的人很多。因此,根据“记忆时间”对他们进行语言调查是可行的。

我们曾经基于移居地民众的记忆时间来进行语言调查。福岛第一核电站的事故原因是整体设计师没有考虑到 1000 年一遇的大海啸,没有采取足够的必要的安全对策。核电站事故造成了数以万计的避难者,至今仍有人在过着避难生活。图 27 的红色部分是辐射强的地区,是民众难以回归的地区,另外还有因海啸而牺牲众多的村落。这些地区的方言会灭绝吗? 有人采访从灾区到各地避难的人们,并询问了他们现在的生活和方言使用。根据小林初夫先生的报道,一说到家乡用的方言,对方就会变得开朗起来,调查人员也能很开心地进行调查。他们也许会想起故乡,即使是暂时移居,也不可能忘记故乡话。

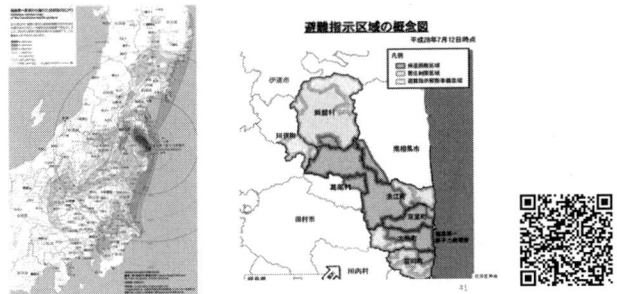

图 27 福岛核电事故难以回归地区

福岛县的研究人员对受灾地的方言进行了调查,所作的报告令人感动。虽然调查的是受灾地的话语,但是在调查过程中,说话人变得愉快,表情也丰富了。结束后,他们感谢说“谢谢听我们的倾诉,希望下次再来”。可能是因为这些调查使他们有机会想起以前使用过的词语,各种各样的场面就可能浮现在他们心中。一想到他们的心情,眼泪就不由自主地要流出来。研究人员开玩笑地说,这是在方言调查中第一次听到“再来吧”。研究人员脸上笑着,但是眼睛湿润

了,是感动的眼泪吧,报告现场也有搌鼻涕的听众。至今为止的方言调查是以语言研究为先的。有时即使对方想起来想要说什么,调查员也没有多余的时间来倾听,而方言调查与倾听紧密关联。事实上,语言研究者也可以用与以往不同的模式为社会做贡献(见图28)。

图28　福岛核电厂事故倾听援助

城市语言存在隐蔽的多样性。移居城市的人一部分是双语或双方言(bidialectal),记得家乡语言(或方言)。这样,如果运气好,利用"记忆时间"(语言回想法),就不用去方言区也可以进行方言调查。

因为城市语言具有隐蔽着的多样性,所以我们有必要从新的角度去探讨。许多从农村或山区移居于城市的人,在掌握通用语的同时,仍然与家乡人说方言。也就是说,存在"城中之村"。许多退休人员的第二代是在新城市近郊长大的(朝日,2008),成为标准语单语人。到21世纪,第三代开始出现。我们把在10岁年龄段具备的语言能力分为年轻人用语、方言复旧和方言使用等(田中,2011)。由于在社会上方言使用者减少,方言成为稀有物而增值,这是语言经济学的机制在起作用(井上,2011)。

六　记忆时间和想象时间

区分显像时间(apparent time)和真实时间(real time),使语言变化的研究更为科学。而将记忆时间(memory time)作为方言调查技术,是以没有明确意识或理论定位形式进行的研究(井上,2015)。人的一生虽然有语言变化,但是以前的语言还会残留在记忆中。20世纪末,人们明确了旧的方言形式和新的通用语的使用区分。比如,被调查者会这样回答:"aa kamakiri(哦,蟑螂啊),叫ibomushi。"因此,通过调查者的记忆问出旧方言,再做方言调查记录,是一个常识。当然,也有只记录方言形式 ibomushi 的。我们有必要区分作为"记忆时间"的 ibomushi 和"真实时间"的 kamakiri。"记忆时间"的调查在语言变化剧烈的阶段很有效果。现代日语诸方言都在逐渐变为濒危方言,因此基于"记忆时间"的调查已到了更有效的阶段。

"记忆时间"调查在民俗学是理所当然的一种技巧。作为一种简单的调查,是以调查对象的出生地语言(方言)来实施的。我们可以把"记忆时间"看作说话者所持语言能力(competence)的一部分。举例来说,某个女学生为了写毕业论文出席了高中同学会,先辈的男生很高兴给予了协助。她问了先辈的电话号码,用电话让他发音,并进行了录音和分析。从住在东京的人那里问到了方言的发音,知道了年龄差。而且发现态度礼貌时敬语多,得到了很有趣的结果。

除了"记忆时间"以外,如果使用"想象时间"(imagined time),对过去、现在和未来实施调查,"记忆时间"和"想象时间"有利于延长语言变化的时间跨度。30年前,我们通过"想象时间",对流行语或新词进行了调查。我们询问过很多人,问他们是否认为在30年后这些词还在使用。现在对照一下,我们发现其结果与当时普通人预测的大体上一致,是值得信赖的。责难现代日语语法、发音及词汇变化的学者很多,但是询问普通人时,他们没有意识到语言变化,回答说将来也会使用。据某个研究者的报告可知,有关汉语敬语表达的问题,30岁这个年龄段的研究者回答说,"现在不用,但是老了会用吧"。也就是说,把相当于"成人后采用敬语"作为想象时间来回答了(井上,2017)。这个也适用于避难民众和移居者的方言同化与语言转用及语言磨灭的调查。我们不能轻视民众的语言态度,这属于世俗语言学(secular linguistics)的研究内容。

本文指出的三个资料在研究结果上具有一致性。我们可就近观察语言景观和具有可信度的国际舆情,能很轻松地通过谷歌检索得到大量数据资料及其动向,这是以前无法想象的。如果将这些手段结合起来,我们就可以给世界语言拟定地位,可以解释为语言背后的经济因素,这样语言经济学这个领域就能够成立。

参考文献

Backhaus, Peter. 2007. *Linguistic Landscapes*. Clevedon: Multilingual Matters.

Coulmas, Florian. 1992. *Die Wirtschaft mit der Sprache—Eine sprachsozilogische Studie*. Frankfurt: Suhrkamp.

Inoue, Fumio. 2015. The economic status of Chinese and Japanese: an international survey, internet searches and linguistic landscape. *China Language Strategies*, 2(1).

クルマス、フロリアン. 1993. ことばの経済学. 東京:大修館.

井上史雄. 2000. 日本語の値段. 東京:大修館.

井上史雄. 2012.日本語の世界進出―グーグルでみる外行語―. 陣内正敬, 田中牧郎, 相澤正夫編. 外来語研究の新展開. 東京:おうふう.

井上史雄,包聯群. 2015.内蒙古文字景観の社会言語学―文字の社会類型論―. 社会言語学(15).

井上史雄,柳村裕. 2015.外行語世界分布の国別因子分析―Google Trendsによる傾向―. 計量国語学, 30(2).

井上史雄. 2001. 日本語は生き残れるか―経済言語学の視点から.東京:PHP新書.

井上史雄. 2010. 日语的价格. 李斗石译. 延边: 延边大学出版社.

井上史雄. 2011. 経済言語学論考. 東京:明治書院.

井上史雄. 2015.「お父さん」の記憶時間―グロットグラムによる地域差と年齢差―. 社会言語科学, 18(1).

井上史雄. 2016. データの視覚化(4)― Excel散布図のグラフ・地図への応用 ―. 計量国語学, 30(4).

井上史雄. 2017. 経済言語学と言語景観. ことばと社会 19. 東京:三元社.

井上史雄. 2017. 新・敬語論―なぜ「乱れる」のか―. 東京:NHK出版新書.

井上史雄(原作), 林韶南(译). 2018. 语言的价值变动――日本和中国. 中国语言战略,(待刊).

荻野綱男. 1988. 日本語における外来語の流入時期と原語. 計量国語学, 16(4).

三輪卓爾. 1977. 外行語の昨日と今日――海を渡った日本語. 言語生活.

朝日祥之. 2008. ニュータウン言葉の形成過程に関する社会言語学的研究. 東京:ひつじ書房.

田中ゆかり. 2011.「方言コスプレ」の時代. 東京:岩波書店.

楳垣実. 1963. 日本外来語の研究. 東京:研究社.

作者简介

井上史雄,博士(文学),日本东京外国语大学名誉教授,日本国立国语研究所教授,主要研究方向为社会语言学。电子邮箱:innowayf@nifty.com。

译者简介

包联群,博士(学术),日本大分大学经济学部经济学研究科教授,中国语言战略研究中心兼职研究员,主要研究方向为社会语言学。电子邮箱:blianqun@oita-u.ac.jp。

Linguistic Landscape and Language Economy

Fumio Inoue

National Institute for Japanese Language and Linguistics

Abstract: Interest in (foreign) languages was once primarily influenced by religion and war, but after the 20th century it is more dominated by the economy. Economic development is reflected in the linguistic landscape. For example, in the case of Japanese, mutual influences between Japanese and foreign languages are reflected both in loanwords in Japan and "lendwords" in foreign countries used in the street. We examine at the level of the world map and the following three phenomena coincide: easily observable linguistic landscape, reliable international public opinion polls and Google search. This is a triangulation which has only recently become possible. These phenomena allow for a new kind of "linguistic geography" and "language economics" to develop and are most conspicuously observed in three economically-developed areas: North America, Europe and East Asia. Looking at the opposite end of economic development, endangered languages spread across the world unevenly, and they correspond to three areas of economic delay (developing countries): South America, Africa and South Asia. Economic principles are at work on the endangered languages, that is, economic development brings about regional disparities in income, causing migration of population in the form of urbanization. In this process, common language spreads, and dialects and minority languages recede, with the younger generation largely failing to acquire the heritage language. However, there is hope. Some of the people who migrated to the city are bilingual (or bidialectal) and remember the language (or dialect) of their hometown. In these cases, language surveys are possible without the researchers going to the site; they can rely on a technique which utilizes "memory time" (recall method). The urban language scene has hidden diversity and must be examined from new perspectives.

Key words: linguistic landscape; language economy; lendwords; linguistic geography; language economics

Saving World Languages Using Logograms

Daniel Glon

0. Introduction

The world of languages is evolving quickly. An increasing number of people are willing to adopt a foreign language—English—to communicate with citizens of a different country. An example of this is "Euro English", a kind of *lingua franca* used to communicate in Europe, but not always fully understood by native speakers of English from outside Europe, both because the meanings of words are changed (e.g.: "current" becomes "actual", "offer" becomes "propose", "possible" becomes "eventual", etc.) and because the pronunciation may be far from standard.

"There are two influences in Euro English: one top-down, and one bottom up. The top-down influence comes from institutions such as the English Style Guide, issued by the European Commission, which recommends ways to use English in written official documents ... The bottom up influence comes from the preferences of the people (38% of the EU's citizens speak English as a foreign language)."[①]

About 38% of EU citizens may speak English, but certainly not the same English, and communication loses a lot in accuracy, and nuances. Additionally, there are huge differences in proficiency among EU citizens. Throughout the world, people are more and more inclined and willing to abandon their own language and to communicate in a language they don't even fully master. On top of this, "minor" languages pay a heavy price to the growing influence of English.

In addition, more and more people—with no formal translation training or skills—believe that they are able to translate, and communication in improvised—mediocre and imprecise—English is becoming the rule. When they do not translate themselves, they use applications like Google Translate. The output of such applications is still far from perfect, and "minor" languages are totally ignored—try selecting "Breton[②] to English"—thus contributing to the fact that the native speakers of these "minor" languages have to abandon their own language. Google Translate's slogan[③] is *"Explore the world in over 100 languages."* This is not the world! India alone has 122 major languages

---

① https://en.wikipedia.org/wiki/Euro_English

② Breton is spoken by about 207000 people, https://www.bretagne.bzh/upload/docs/application/pdf/2018—10/etude_languesbretagne.pdf

③ https://translate.google.com/intl/en/about/languages/

and 1599 "minor" languages.[①]

This paper intends to offer a simple solution that can help "minor" languages survive and thrive. It can also help speakers of "minor" languages communicate on equal linguistic footing with speakers of any other language, without a translation application or a human translator. With limited recourse to technology that is explained in part 2, it can allow speakers of any language, however "minor", to attend any forum or conference and follow the proceedings and/or intervene in their own "minor" language. Finally, it can be a panacea for hi-tech translation solutions that have been struggling to produce usable results in a very limited number of languages.

1. Human "horse sense"

Much is happening nowadays in the realm of languages: languages disappear almost every week, and the need for language translation is growing every year. Those who see in languages a mere sequence of words are satisfied with using the new *lingua franca* that the English language has become. But those who consider that languages are the key, both to understanding a country and its people and to being understood when you belong to a "minor" culture, are very worried by today's evolution.

Awareness at the upper echelons

Fortunately, it seems that some world leaders are aware that many languages are at risk of disappearing entirely. In March 2014, Xi Jinping, the President of China, delivered a speech at the Headquarters of the United Nations Educational, Scientific and Cultural Organization (UNESCO) where he stressed the need to preserve diversity: "It's impossible to imagine a world with only one life style, one language, one type of music, and one clothing style." "Civilizations are multi-colored. The value of human civilizations concerning exchange and mutual learning lies in its very diversity." It was interesting to note that a Chinese president was pleading for a world rich in colors while the image that Westerners have had of Chinese leaders in the past, was certainly expressed in shades of grey rather than in colors.

Colors

In October 2018, the 2nd China Beijing International Language & Culture Expo (ILCE) also stressed that "Language makes the world more harmonious and the culture more colorful". Those of us who master several languages —and consequently have integrated into themselves the related cultures—are fully aware that the world they live in is multi-colored, while those who are not fortunate enough to have been exposed to several languages and cultures appear to be living in a black and white world. If given a choice, most people will opt for color, though such a choice can generate in some a feeling of confusion, an infinite search for identity.

Languages of the world

In order to work towards the preservation of the colors of our world, we need to be aware of the actual situation of the lan-

---

① http://censusindia.gov.in/

guages of our planet. There are approximately 7000 living languages today, 2300 of which in Asia. Only about 3% of the world's population accounts for 96% of all languages spoken today. In other words, the 6720 least spoken languages are spoken by only about 240 million people, a mathematical average of only 35000 speakers per language. And the situation of those "minor" languages is even more worrisome if we know that 2000 of them have fewer than 1000 native speakers. No wonder that it is predicted now that 50% of today's languages will be dead by 2050[①]. This means that we are evolving more and more towards a one-language world.

Great loss for all

We lose the expression of a unique vision of what it means to be human. Each language is a key that can unlock local knowledge about medicinal secrets, ecological wisdom, weather and climate patterns, spiritual attitudes and artistic and mythological histories. We lose memory of the planet's many histories and cultures... We lose some of the best local resources for combating environmental threats. Medical science loses potential cures; resource planners and national governments lose accumulated wisdom regarding the management of marine and land resources in fragile ecosystems... Some people lose their mother tongue. The real tragedy of all this might just be all of the people who find themselves unable to speak their first language, the language they learned how to describe the world in.[②] We all lose COLORS.

Cause of death

In order to find a remedy to the disappearance of languages, we need to know why they die. The causes are several, but ultimately a language disappears because people stop using it. They become extinct because:

• native speakers die (and stop using it)

• for whatever—"practical"—reason, bilingual people start giving priority to their other language (and gradually forget it, and stop using it)

• children are made to feel shameful and inferior about the native language of their parents and grandparents (and stop using it)

• many states force their citizens to communicate with them in the official language, so such citizens realize that their language is inferior and not wanted (and stop using it)

Remedy

It is obvious to many linguists that a number of measures would definitely make easier the survival of endangered languages. It would be vital to:

• Offer to all languages the possibility to be written using the same language-independent code;

• Offer to speakers of all languages the possibility to communicate directly

---

① https://www.washingtonpost.com/news/worldviews/wp/2015/04/23/the-worlds-languages-in-7-maps-and-charts/? noredirect=on&utm_term=.fea17c80265a

② https://www.smithsonianmag.com/smart-news/four-things-happen-when-language-dies-and-one-thing-you-can-do-help-180962188/

without having to use a human translator or a translation application, nor a *lingua franca* or a dominant language they don't fully master;

• Allow all speakers, whatever their mother tongue, to be on equal linguistic footing when communicating with people speaking another language, so that indigenous or local languages are no longer made to feel inferior to dominant languages.

Panacea

In order to apply the remedy outlined above, we need to resort to the oldest continuously used writing system, the most widely adopted writing system in the world by number of users. We need to borrow from the only modern language using symbols or signs to represent entire words, using logograms. We need to use CHINESE CHARACTERS which would thus become the new "Chinese medicine" for ailing languages.

Practical examples

A few examples will suffice to convince even the doubters that Chinese characters are the way of the future not only for the "endangered" languages of the world but also for all the many languages that suffer from the dominance of the English language. Let us see a few practical examples:

In the Japanese example below (Fig. 1), we may totally ignore the meaning of the first character—hiragana—but if we are able to recognize the 2 Chinese logograms (手/hand; 洗/wash), we still get the meaning, though we do not know what Japanese speakers say when they read this notice.

Fig. 1 手/ hand; 洗 / wash

Examples are many, like this 0.05 ￥ Japanese coin (Fig. 2) with absolutely no number, whose value is apparent the minute you recognize the written form—五—of "5" in Chinese characters. Knowing Japanese speakers pronounce it "go" is of no use.

Fig. 2 0.05 Japanese yen

This third Japanese example (Fig. 3), allows anyone who understands the meaning of the Chinese characters to also grasp the meaning of the two signs in Japanese: 出口/exit; 入口/entrance. However, the message at the top of this frame will remain a complete mystery.

Fig. 3 出口/exit; 入口/entrance

My last two examples（Fig. 4 & 5）will convince the reader who doesn't know Japanese，but does know Chinese characters—even if he doesn't know the Chinese language—that such logograms can be universal expressions of a meaning. These traditional characters seen in an elevator in Japan are interesting in that each expresses a whole sentence—"open the door/close the door" in one complex character.

Fig. 4 開/开/open（the door）& 閉/闭/close（the door）

And these two characters on a dual flush toilet with one 2-position handle for a larger（大）or smaller（小）amount of water.

Fig. 5 大/large & 小/small

Again，no need to know how a speaker of Japanese pronounces these Chinese characters，all we need to know is their meaning in our language. Understanding the pronunciation or language of the writer is unnecessary，just like 3（number three）—or any other digit—is understood whether it is called "three"，"drei"，"trois"，"tres" or "sān" by its reader.

A more rational option

If the entire European Union was using Chinese characters，labels on food，pharmaceutical products and anything else sold in EU stores would be much simpler. Instead of displaying sometimes up to 24 languages，one written language would suffice. And especially it would be much more legible than this example（Fig. 6）with "only" nine different languages.

Fig. 6   Corn flakes label in 9 languages

Life-saving solution

By having one universal writing system，the world would be safer. Safety instructions would remain consistent despite being translated into different languages，unlike this actual example (Fig. 7) seen on the engine cowling of a Chinese plane where the instructions are contradictory（开 means "open"，and 关 means "close"). Hopefully someone caught the translation error!

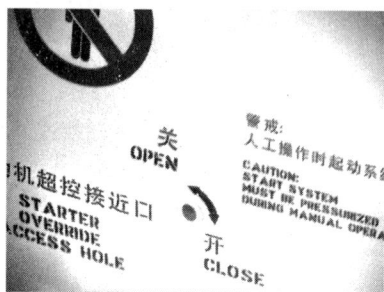

Fig. 7 开 means open NOT close, and 关 means close

26 versus tens of thousands

Yet, would it be practical to switch from the alphabet used by a large number of languages to the whole array of Chinese characters? Twenty-six letters and half a dozen additional signs are sufficient to write the entirety of the English language. It is difficult to be more concise and effective! Conversely, writing the entirety of the Chinese language requires tens of thousands of characters.

Fortunately, studies show that functional literacy in today's written Chinese requires a knowledge of "only" 3000—4000 characters. In Japan, where Chinese characters coexist with other writing systems, about 2200 characters are taught through secondary school; hundreds more are in everyday use. And in the Republic of South Korea, 1800 Chinese characters are taught between the 7th grade and the 12th grade. Even if 3000 characters are sufficient, logic will tell us that we should not switch to logograms.

One writing system, 7000$^+$ languages

However, learning 3000 characters to communicate with speakers of any of today's 7000$^+$ languages would require far less time and efforts than learning even only one foreign language.

Word order

Obviously, there could be a number of obstacles—like sentence structure—but the basic rules—like word order—would be easy to define and to acquire while learning the characters. There are six theoretically possible basic word orders for the transitive sentence. The overwhelming majority of the world's languages are either subject-verb-object (SVO) or subject-object-verb (SOV), with a much smaller but still significant portion using verb-subject-object (VSO) word order.[①]

The fact that SVO languages—"she eats noodles"—include English, the Romance languages, Chinese and Swahili, among others, will make it easier for a large percentage of the world population. However, it would be interesting to see what the evolution of the written language would be if Chinese characters became universally used. With more and more people of different languages coming to use the same logograms, the common metalanguage would increase in richness and diversity. One thing is sure, speakers of any language except Chinese would not need to learn Chinese; writing their own language using Chinese characters would not be translating their thoughts into Chinese. This could be compared to adopting the same standard packaging throughout the world to send gifts. Some will have to

---

① https://en.wikipedia.org/wiki/Word_order

adapt the size or the shape of their gifts to be able to place them inside the standard box.

Misunderstandings

Of course, there will be cases when people do not understand each other, but likely much less than when someone is limited to 200 or 300 words to convey a meaning in a language or a *lingua franca*—like English—he hardly knows. Languages are not static and adopt many styles and forms, whether they are expressed by native or non-native speakers. Today, the whole world can speak/write in some form of English, but is the level of the English the same, is the English the same?

Among native speakers, differences are gaping too. Do Americans all possess the same language competence? Whether they are from Louisiana or from Maine, do they have the same English? Whether they have barely finished high school or possess a PhD from Harvard, do they have the same English? Whether they belong to the generation that has read the best English literature or to the generation that has never read an entire book, spends most of the time playing video games and only uses social media lingo, do they have the same English?

Then if you consider that all other English-speaking countries—whether English is the only language, like England, or a *lingua franca*, like India or Ghana—will also display as many and as striking differences as America, then it is obvious that misunderstandings are commonplace when we are forced to translate our thoughts into a language like English. The translation process by non-professional translators and the recourse to a foreign language with too limited a vocabulary explain that translation-induced misunderstandings can be many.

Historical precedent

Above all, we can be reassured by the fact that we have a precedent prior to modern times: communication by writing (笔谈)—whereby the learned of four different countries—China, Vietnam, Korea, and Japan—using four different families of languages—Austroasiatic, Sino-Tibetan, Japonic, and Koreanic—were able to communicate effectively using Chinese characters. It must be clearly understood that resorting to the Chinese writing system is not creating a new Esperanto, or a new language, nor adopting Chinese as a universal language, nor translating from/into Chinese. Knowing another language will not be necessary.

All languages become easy

The Japanese examples above show that there are a lot of things you can understand if you see them written in Chinese characters in Japan, and you don't even need to know one single word of Japanese! Imagine if Japan only used Chinese characters! Imagine if all the words you know and recognize, when traveling in Japan, were also written in Chinese characters when you travel to Russia, Kenya, Chile, Mongolia, or France!

Emergence of a new style

Even Chinese people using their own characters will have to adapt their syntax in their communications with foreigners using

Chinese characters. Their word order though easily understandable will still evolve—at least when communicating with the outside world—under the pressure of the majority of people—the entire world—using Chinese characters. A sentence like 我明天去北京（I tomorrow go Beijing）would likely become 我去北京明天（I go Beijing tomorrow）.

In the same vein，in order to streamline communication，all communicants will have to use the same units（metric），the same time（24-hour clock），and date formats（DD/MM/YYYY）and，if we all consider that a week END is made of Saturday plus Sunday，then weeks will have to START on Mondays，not Sundays！

Never before has the whole world used the same language-independent writing system，so over time there will be a good measure of convergence and new syntactic rules will appear more or less spontaneously. Usage will rule.

Using logograms without knowing it

What few realize is that we use language-independent graphemes—logogram—all the time，without even knowing it，just like Mr. Jourdain in Molière's "Le Bourgeois Gentilhomme" is surprised and delighted to learn that he has been speaking in prose all his life without knowing it. *"Par ma foi！il y a plus de quarante ans que je dis de la prose sans que j'en susse rien，et je vous suis le plus obligé du monde de m'avoir appris cela."* Here are below a few examples（Table 1）. For the sake of brevity，we won't list the 7000[+] different pronunciations in the 7000[+] lan-

guages of today.

Table 1　ubiquitous logograms

52［written］	cincuenta y dos / zwei und fünfzig / cinquante-deux / fifty two［spoken］
♥［written］	querer / lieben / aimer / love［spoken］
4［written］	cuatro / vier / quatre / four［spoken］
☺［written］	sonreír / lächeln / sourire / smile［spoken］

Using logograms intentionally

Chinese characters would replace the language-dependent graphemes（Table 2）in all languages of the world.

Table 2　new writing system for foreign languages

isla / Insel / île / island［spoken］	岛［written］
ir / gehen / aller / go［spoken］	去［written］
montaña / Berg / montagne / mountain［spoken］	山［written］
mar / Meer /mer / sea［spoken］	海［written］
comida /Mahlzeit / repas / meal［spoken］	饭［written］
río / Fluß / rivière / river［spoken］	河［written］
aldea / Dorf / village / village［spoken］	村［written］
comer / essen / manger / eat［spoken］	吃［written］
gracias / danke schön / merci / thank you［spoken］	谢谢［written］

Happy ending for "minor" languages

Speakers of "minor" languages would be able to use their own language when communicating in writing with speakers of a dominant language（administration and officials also using Chinese characters）and they would be on equal linguistic footing with them. Speakers of "minor" languages would no longer feel the practical need to urge their children to learn the dominant language and abandon their own language since they would be able to use their language in each and every situation of daily life. And they would pass it on to the next generation.

History proves us right

A good example of the need to have a single language-independent writing system was given during World War I. A French historian, Odile Roynette, was interviewed on November 4, 2018, by the French daily newspaper "Le Figaro" and was asked about her recent book "Mots des tranchées. L'invention d'une langue de guerre, 1914—1919"[1] (Words heard in the trenches. How a war lingo was invented, 1914—1919).

During the interview she explained that French soldiers came from all regions and provinces of France, and that French was not yet the "language of the republic". Since soldiers could communicate with their families back home only through letters, they had to resort to whatever French they had learned in elementary school or were learning at war to communicate with their families. Roynette stresses that dialects were not written, only spoken. Obviously, the French that was being used in those letters to and from their families was very different from what the Académie Française would have recommended, but they opted for "French" because they didn't have any other option, because they had no writing system for their local languages and dialects. So, in a way, World War I had a unifying impact on the French language, and contributed to the gradual disappearance of "minor" languages like Breton, Occitan, etc. What they needed—and didn't have—were logograms to express clearly their thoughts and fears, and hopes to their loved ones, in their language.

Win-win situation

Using the words of their own language, speakers of "minor" languages could enrich their language by adopting flowery expressions of other languages—and vice-versa-thus pumping new life into their language. Meaning to say "*immediately*", a French speaker might write 田上 (on the field / sur le champ), while a Chinese speaker would write 马上 (on the horse). Probably one of these choices would become standard. Most speakers of other languages would find 小心 (little heart / attention!) cute, and might adopt it. Just like "add oil" (加油, "go, go!"/) has just made it into the *Oxford English Dictionary*! (Fig. 8 & 9)

Jiayou! Phrase 'add oil!' added to Oxford English Dictionary

Fig. 8　Article in The Straits Time international edition of 10/18/2018[2]

Having 7000[+] languages in unprecedented direct contact would no doubt give

---

① *Mots des tranchées. L'Invention d'une langue de guerre, 1914 - 1919*, Odile Roynette, Armand Colin

② https://www. straitstimes. com/asia/jia-you-phrase-add-oil-added-to-oxford-english-dictionary

The Oxford English Dictionary adds 'add oil' in its latest update

WATSUP OCTOBER 20, 2018

Fig. 9　Article on whatsupasia.com of 10/20/2018[①]

rise to a lot of transfers of this nature.

China's contribution

Adopting Chinese characters will also, to some extent (traditional characters being more complex) allow a larger number of foreigners to get acquainted with the past traditions, religions, literatures, and architecture of ancient China and ancient Asia, since Chinese characters were used in many parts of Asia (Korea, Japan, Singapore, Malaysia, etc.). China would be justly rewarded for making her characters available to the entire world.

Global world, local languages

Above all, without resorting to today's gibberish, speakers of any language would be able to communicate with the entire world—especially on social media—without any distinction of language (unlike today), thus making our world truly global. Speakers of "minor" languages would have access to the internet in a language they understand, and could also contribute to the net in their language; in addition, the contents in languages other than English would be accessible to all. And they would CONTINUE USING their language. There is a lot the 6,720 least-spoken languages AND cultures can teach us if only we give them a chance to speak to us DIRECTLY. If in the future everybody knows/uses—reading and writing—Chinese characters, even a moribund Celtic language-like Breton-can be used to communicate directly with people of all other languages.

> Trugarez。➡谢谢
> Deomp ➡我们去
> dazebriñ ➡吃
> hor ➡我们的
> pred➡饭
> kalon digor! ➡好胃口!

Trugarez. Deomp da zebriñ hor pred. Kalon digor! ➡谢谢。我们去吃我们的饭. 好胃口!

("谢谢。我们去吃饭. 好胃口!" If you're Chinese, you will rectify into this shorter version)

The source language could be any language, "minor" or not. As long as you know the meaning of the Chinese characters in your own language you will understand easily and readily. No need for any other application, no need for Google or any other translation software. The word order may not quite be what you are used to, if the writer doesn't often write to foreign friends, in an international context, and hasn't assimilated yet the more streamlined syntax forms that practical and regular use will generate for the newly universal writing system, but you will still understand spontaneously, readily! The meaning will be totally clear.

No technology, no AI, no hi-tech

There will be no need for translators,

---

① http://watsupasia.com/news/the-oxford-english-dictionary-adds-add-oil-in-its-latest-update/

no need for applications that are limited in the number of language-pairs they offer, and produce translations that can be utterly laughable. The fact that people will be able to communicate simply and directly across languages, without AI and hi-tech will not be limited to the written word.

The spoken word

However, it will be easy to develop a speech synthesis application where you would simply select the language in which the sequence of logograms/sentences you just typed, recorded or received will be read. No translation needed, the Chinese characters will be converted orally into your own language—minor or major—as a matter of fact it will be possible to offer all 7000[+] languages of today, unlike similar applications by Google or other big names. This will be an open gate to all other languages and cultures on this planet.

Versatility

Will resorting to logograms—a simple non-technical solution that has existed in the past and can exist again tomorrow—also offer an ideal solution to those who insist on technology to solve the language problems of today? Theirs is not an easy task as languages can be compared to viruses. They take up multiple forms, hence the utter difficulty to find the right antibiotics... or, for those who only think of technology, the right AI solution. Languages are moving targets. Not easy to hit! Fortunately, common "horse sense" has a solution.

2. Human Intelligence

Common sense is what seems to be lacking most nowadays when it comes to finding language solutions. There seems to be an arms race towards increasingly complex solutions and resources, and hi-tech solutions are given an exclusive priority. It looks as if developers of language solutions were trying to kill a fly with an elephant gun, while the best solutions to human sciences problems—and language processing is one—may be human solutions.

Translation problems are not artificial therefore artificial intelligence (AI) may not be best option. Often, we are blinded and do not realize that a simpler solution exists, right before our eyes. Logograms, like Chinese characters, may be the answer to the translation and interpretation problems that computers are still unable to solve correctly. Besides, a solution that would involve a metalanguage like that offered by the recourse to Chinese characters would make it easy to express any message—written or spoken (yes spoken, which we will elaborate on in a minute)—in all 7000[+] languages of today.

The simple addition of a real-time speech synthesis application like that mentioned in part 1 would suffice to offer "interpretation" from/into all 7000[+] languages (a total of 24496500 language pairs!). This would be a tremendous inclusivity tool for all "minor" languages of the world. Above all, the conference world would be more equal. We would no longer have the ridiculous situation of today where you need to listen to a conference, or make your interventions, in a foreign language unless you are a native speaker of English, and in some instances of a handful of other major languages. Few conference goers are aware of and recognize that they are at a clear disadvantage when they have to convey important messages or make important presentations in a language they don't fully master. They maybe top scientists in their domains, yet they often seem way less professional than a mere master's degree student who makes a simplistic presentation but has native skills in English.

This second part will show how the world of international conferences can profit from the universal adoption of Chinese characters, and avoid the unending problems of machine translation.

Advent of machine translation

Some 35 years ago, the world of translation became concerned with the growing importance of a new science—computer science—that most translators didn't know much about, though more and more doomsayers were predicting that we would all be out of a job within a few years.

This was the time when a few automatic translation projects suddenly appeared. Some like Weidner's Multi-Lingual Word Processing System was supposed to quadruple translation volumes[1]. Another one, also coming from the USA—SYSTRAN—started offering its services to the United States Department of Defense and to the European Commission. Both were also interested in Aerospatiale: the French helicopter, aircraft and rocket manufacturer was expanding its activities and partnerships with several European countries, and the

increased need for technical translation capabilities was obvious. Several other actors—TAUM aviation, TITUS, DTAF, SMART, ALPS, etc.—appeared on the automatic translation market. They all knew that their (basic) systems didn't produce a very appealing output when translating newspaper articles or novels, but they sensed that the repetitive nature of aerospace texts and their simplified syntax would be easier to translate correctly:

Inspect main deck cargo through upper deck viewing port

Verify all engine bleed air switches open

Verify isolation valves switches open

Check for leaks

Verify all pack valves switches open

This was also the time when the French authorities launched their own automatic translation project in cooperation with the University of Grenoble and the late Professor Bernard Vauquois. As the chief terminologist of Aerospatiale, I was no less enthusiastic about the potential of "translating computers" than these companies and pioneers, though my cooperation with them led me to believe that translators didn't have much to fear in the short and medium term. But I also knew that SYSTRAN was benefiting from the help of an entire team, at the European Commission in Brussels and Luxemburg, and that it would inevitably be much improved a few years down the road.

---

[1] "California Firm to Unveil a Computer That Processes Words for Translators", Richard A. Shaffer, Wall Street Journal, 10/24/1978

As early as 1980, I was able to "revolutionize" the translation department of Aerospatiale's Helicopter Division by developing, in cooperation with in-house computer specialists, a solution that allowed the team of translators to work on a computer terminal. The monochrome screens we had were split in two with a basic word-processer in the lower half, and an "online" English-French technical dictionary in the upper half. Quite a few old salts refused to even come near the "machine", and continued to work like before: paper, pencil, eraser, and a secretary to type up their translations!

Insufficient computer power

However, even such a simple solution like this one demanded a lot of computer power that only a high-technology firm like Aerospatiale could afford to offer its translation department. It was obvious at the time that natural language processing demanded an excessive amount of computer power. When the first PC's appeared—with no hard disk and two diskette drives—in the first half of the 1980s, they certainly didn't seem to ever be able to run any type of computer-assisted translation application. This is why, in spite of all the brilliant ideas and the abundant enthusiasm of many of us, it appeared that the future of automatic translation wasn't that rosy after all.

Back to human sciences

The limits of the "machine" were apparent, and some of us started wondering why the output of automatic translation was sometimes so laughable. Was it because most of the work in this field was being done by computer specialists rather than by practicing translators? As a matter of fact, too few of the machine translation (MT) specialists came from the world of human sciences.

Wasn't it high time to realize that we had been barking up the wrong tree and that we needed to start all over again? The relative failure of most of these automatic translation solutions to hold their promises in the late 1980s forced those of us to who had a human sciences background to imagine an approach that would take into account the human side of communication. So, was resorting to human sciences the key? We all know that "Human Sciences aims to expand our understanding of the human world through a broad interdisciplinary approach. It encompasses a wide range of fields-including history, philosophy, genetics, sociology, psychology, evolutionary biology, biochemistry, neurosciences and anthropology[1]."

"Interdisciplinary" is the key word, but this is also the reason why the one-sided approach of MT specialist could not work. Most texts worth translating do cover a wide range of fields—with very different styles and vocabularies—but the machine fails to recognize them.

In an attempt to make my colleagues aware of the magnitude of the problem but also of the inadequacy of MT solutions, back around 1989, I decided to push the envelope and offer a new take on natural

---

[1] https://us. sagepub. com/en-us/nam/journal/history-human-sciences#description

language processing. Though MT had clearly lost its first battle against human translation—and my colleague translators were quoting ceaselessly the most famous MT blunders to date, as if to feel reassured—I stated that MT could prove useful in what was the most difficult task in the field of language processing: conference interpretation.

He who can do more, can do less

In 1989, I published a paper entitled "Computer-assisted Interpretation-Myth or Reality?" When I shared this title with a few colleagues, they all replied "you mean computer-assisted translation, right?" Wrong! I did mean computer-assisted conference interpretation using both human skills and MT to process a spoken message and re-express it into a different target language. This was an approach where MT was a tool and human intelligence the lead contributor. This approach considered the four steps below:

1—RECOGNITION of a spoken word, regardless of who the speaker is and whatever his accent may be.

2—ANALYSIS of the message, whatever imperfections it may contain (mistakes being more frequent in oral than in written expression).

3—TRANSLATION of a comprehensible source-language message into a comprehensible target-language message at the speed of a normal speaking voice.

4—Speech SYNTHESIS of the result in the target language.

Promising technologies

As you will see, my suggestions from 30 years ago—below—were based on the state of the technology back then, but is it much different/improved today? Let us leave aside item 2 for a moment and consider the other 3 in sequence:

"1—*Word RECOGNITION is the prerequisite to the subsequent steps, and it is true that it presents serious difficulties. At present, the most high-performing systems only recognize a limited amount of words. The majority of these 'mono-speaker' systems are able to recognize only one voice, and that only after a preparation phase in which the speaker pronounces each of the words once or twice which, after analysis, will be stored in the memory. We will see later, when we discuss item 2 that problems of accent and the presence of multiple speakers are easy to solve.*

3—*One of the most advanced machine TRANSLATION (MT) systems among those already on the market is the SYSTRAN system used by the European Institutions. The various users of the software confirm that for five years the quality of rough translations has progressed enough to allow for a 90% comprehension rate. Two main types of obstacles to the possibility of total comprehension exist:*

• *obstacles inherent to the source message, to which we will return shortly*

• *obstacles inherent to the software itself*

In five years, the software's performance has gotten considerably better and everything points to MT's progress continuing, even more so now that more and more competent translation professionals are taking an active part in its development. As an example, SYSTRAN allows for a translation speed of 300000 (yes, 3 and five zeros!) words per hour. Here, the question of speed is not an issue.

4—Speech SYNTHESIS is already a reality. Even if the sound is sometimes metallic, it is quite easy to understand. The problem of the speed of speech does not seem to present any difficulty."

MT disaster

In today's context there is nothing very original in the 3 items above, and it is obvious that there has been no major technological breakthrough in the last 30 years. At best, any attempt at automatic interpretation, 30 years later, has proven laughable. Two very recent examples prove that the all-technology option is still not usable.

American Broadcasting Company

In March 2016, when the Prime Minister of Canada (Fig. 10) visited president Obama, ABC made an attempt at automatic interpretation and made a complete fool of itself:

Watchwords: Translation software can yield laughable results

Even the most advanced language technology is not always reliable.

MARK ABLEY, SPECIAL TO THE MONTREAL GAZETTE Updated March 25, 2016

Canadian Prime Minister Justin Trudeau speaks during a press conference with US President Barack Obama in the Rose Garden of the White House in Washington, DC, March 10, 2016

Fig. 10　Justin Trudeau at the White House

"This month Prime Minister Justin Trudeau gave a speech on the White House lawn, partly in English, partly in French. Television viewers heard him deliver his text in English without a hitch. But when he switched to French, the closed captioning on ABC delivered results that were, let's say, surprising. What were people to make of 'us old guys and Houston days eight days it's going'? Or 'keep on doing these and the union the years and that dictated sitcom'? Or 'We also announced its Nazi innings'?

Don't worry. Trudeau had not been so dazzled by the invitation from U.S. President Barack Obama that he lost his marbles. Those absurd sentences lit up the screen because the network had chosen to rely on a computer program. 'The closed captioning in this video was automatically generated by speech recognition software.' an ABC official said. 'The software misinterpreted French for English.' Instead of depending on a human interpreter. ABC placed its trust in technology. Yet even the most advanced language technology is not always reliable.

This is particularly true of automatic translation. English-speakers sometimes laugh at the mistakes made in our tongue by people in other countries, and in the 21st century, those mistakes often involve a misplaced faith in computers."[①]

iFlytek

Similarly, a Chinese high-tech company

---

① https://montrealgazette. com/opinion/columnists/ watchwords-translation-software-can-yield-laughable-results, March 25, 2016

(Fig. 11) announced last summer that they would premiere an automatic conference interpretation system. However, a few days after this first attempt, the truth came out. It was just a hoax!

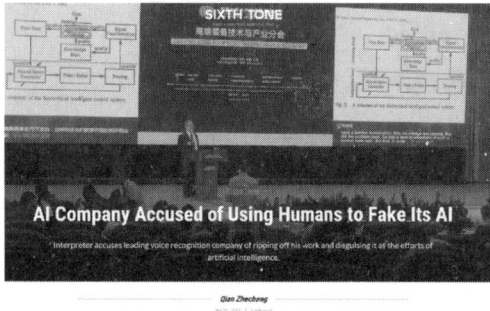

Fig. 11 Failed attempt at Machine Interpreting

"*On Friday, iFlytek was hit with accusations that it hired humans to fake its simultaneous interpretation tools, which are supposedly powered by AI. In an open letter posted on Quora-like Q&A platform Zhihu, interpreter Bell Wang claimed he was one of a team of simultaneous interpreters who helped translate the 2018 International Forum on Innovation and Emerging Industries Development on Thursday. The forum claimed to use iFlytek's automated interpretation service.*

While a Japanese professor spoke in English at the conference on Thursday morning, a screen behind him showed both an English transcription of what he was saying, and what appeared to be a simultaneous translation into Chinese which was credited to iFlytek. Wang claims that the Chinese wasn't a simultaneous translation, but was instead a transcription of an interpretation by himself and a fellow interpreter. 'I was deeply disgusted,' Wang

wrote in the letter.

In a post on Friday on social media platform Weibo, iFlytek's CEO Hu Yu said the tool used in the conference was a transcribing tool — not a translation tool. Earlier, financial news outlet Securities Times reported that in response to the letter, iFlytek had directed media to remarks that the company's president Liu Qingfeng made on Monday, when he said: "Currently machines still cannot replace interpreters. Frankly, a combination of human and machine is where we're headed."[①]

Back to the human touch

Item 2 on my list from 30 years ago already stated that we didn't have the right approach to the problem, that an ounce of prevention is worth a pound of cure. I considered that it was a mistake to use a human linguist for post-editing. The solution was to adopt preventive measures such as pre-editing by a human being before processing by MT. You know the old saying, "Garbage in, garbage out"! By eliminating potential "garbage" at its source, we could eliminate the need to do post-editing, as the program would produce less "garbage." What is more, going through the four steps outlined above would make it impossible to do any post-editing since the result would have to be expressed immediately by the speech synthesis system. So, disregarding errors made by the system (which would tend to

---

① http://www. sixthtone. com/news/1002956/ai-company-accused-of-using-humans-to-fake-its-ai-, September 21, 2018

become rare), how could errors attributable to the source message be eliminated? By artificial intelligence? While it is already superior to human stupidity, we just saw that AI is not yet up to the task at hand.

Human pre-editing

The only remaining solution is natural or human intelligence. We could quite easily foresee a human interface between the message source and the translation software. This " re-expresser" or " pre-editor" would be able to understand perfectly the meaning of the original and express it simultaneously in the same language, keeping in mind both the rules of the language being processed and the structure required by the software. This person would be a language professional whose role would be to adapt/streamline the form of the message for the machine, in other words he would know how to speak to the machine. He should be able to understand the subject at hand, whatever its level of complexity, so as to be able to reformulate and improve the message correctly, but he would have no need whatsoever to know a language other than his native tongue. In this way, a French-speaking "re-expresser" in " the French booth" would merely reformulate the interventions of the French speaking delegates and would be able to follow the delegates speaking other languages by using the computerized interpretation system. The level of skill necessary would be quite inferior to that required of a simultaneous interpreter—who juggles with several languages at the same time—the task being of

a lesser difficulty.

Team work

In addition, the arrival of this new technology might actually make it possible to impose discipline on the participants where today's interpreters and conference organizers fail to do so. It should be possible to convince them to submit in advance a list of the technical terms they plan to use, if they understand that the computer either has the words in its memory, or it does not. A computer cannot just come up with something in a pinch. This will also give these delegates a chance, if they are linguistically inclined, to consult a list of equivalent terms, to make sure they are using the terms appropriately. The vocabulary chosen from this list by the "re-expresser" and translated by MT would be more consistent and standardized than what a team of several interpreters can come up with, thus making it easier to follow the speeches or presentations.

Best machine translating conditions

The machine, through its very existence and through the delegates' attitudes towards it, would thus create the ideal working conditions that human interpreters have such difficulty creating. The problem of source message imperfection—terminological inaccuracy and syntax—being resolved, MT would be able to take place under the best possible conditions. Moreover, the speech synthesis system would offer one single voice, and one single standard accent which would make it easier for non-native speakers—in most conventions more non-native speakers than native speakers of English listen to the proceedings in English—to understand and follow the interpretation. The quality of the final result would be proportional to the error-prevention measures taken by the human professional.

Emergence of MI

Machine interpretation (MI) would become reality because a human being would be in control. MI would be all the more reliable that it would be used for regular meetings of a given organization. Each meeting would offer an opportunity to refine the vocabulary. And over time, thanks to AI, MI could be trained to recognize regular speakers directly by comparing original interventions and their form as spoken by the "pre-expresser".

Limits of MI

In spite of such great advances, MI would require a specific program for each language pair. While the most common pairs—e.g. English/French, English/Spanish, Chinese/English—have enjoyed MT priority over the years, less common language pairs like Hungarian/Vietnamese or Korean/Greek would likely not be processed by the system, let alone pairs involving "minor" languages.

MI sans MT thanks to Chinese characters

However, as explained above and in part 1, we could resort to a simple solution that would not involve MT at all. Such a solution would make it possible to cover all 7000 $^+$ languages and all 24496500 possible language pairs by having the speech recognition system convert the spoken word as expressed by " re-expressers " NOT into words written with their usual writing system, BUT into Chinese characters. By then Chinese characters would have become universal characters, and the " re-expressers " would only need to be adept at using the universal writing conventions (like word order) that would have cropped up with the widespread use of Chinese characters. The final step would be that described under part 1: speech synthesis of our universal logograms into all selected languages.

3. Conclusion

In only 20 years, the world has changed radically. People no longer write and mail letters, go to their banks to deposit checks, visit a travel agency to reserve a plane ticket, or go to a record store to buy the latest LP by their favorite singers. Telephones have become mobile and so versatile that they are almost never used as telephones anymore. The world wide web has changed everything in people's lives.

Based on that experience, people have come to believe that IT and AI can be used in everything we do, and can do it better than via the traditional way. However, there remain a few pockets of resistance to the new way of doing things, and language processing is one of them. For the past 40 years, there have been countless attempts at designing software that, like a magic wand, would translate any language into any other language—though what is meant by the word language in "any language" and "any other language" actually is "major language".

Unfortunately, such ambitious hopes have been dashed over and over again. IT and AI are progressing by leaps, but the progress of language processing has remained painfully slow and imperfect. The time has come to step back and acknowledge failure, but also to look for other solutions. Our solution is to have the whole world abandon their language-dependent writing system, and adopt language-independent and pronunciation-independent logograms. No need to reinvent the wheel, we already have today such a writing system: Chinese characters have already in the past been used as logograms for the communication by writing (笔谈) between 4 different families of languages; they are available today and ready to become the universal writing system of the future.

Adopting Chinese characters will both offer effective solutions to problems that AI hasn't been able to solve satisfactorily and allow "minor" languages to survive and thrive. Thanks to Chinese logograms, the speakers of "minor" languages will feel empowered, and will be able to become active participants in the 21st century world. At last, those of us who speak a "major" language will have access to the linguistic and cultural wealth of the 6000+ "minor" languages—and their time-honored cultures—of the world.

Other cultures are not failed attempts at being you—Wade Davis.

Brief Introduction to the Contributor

Daniel Glon has taught translation and interpretation at the University of Provence, and acted as the French Department head in the Monterey Institute of International Study. He has taught briefly at Beijing Language and Culture University and at Xi'an Foreign Language University. He is presently a free-lance translator and conference interpreter and the Chief Expert of the Expert Group for the Olympic Winter Games Term Portal Program.

言语社区与语言城市化：社会语言学理论在中国的发展[*]

提　要：当代中国语言生活中不断变化的语言现象和不断增加的语言问题需要运用新理论来解决。在此背景下，本文提出言语社区理论和语言城市化理论来解释当代中国语言生活的复杂性。这两个理论在中国不仅应用广，而且解释力强。希望本研究能推动中国社会语言学研究的理论构建和应用研究，并有助于中国社会语言学研究的国际化。

关键词：中国语言生活；言语社区；言语社区理论；语言城市化理论

引言

过去十年来，欧美主流社会语言学研究最突出的话题是指示性。学者们努力界定社会语言符号性的范围，即何种语言符号、以何种顺序或在何种语域中指示什么（Silverstein，2003；Eckert，2008，等）。不少学者认为宏观社会变量（如社会阶级、种族、性别、年龄等）过于模糊或绝对，所以转向较小的社会单位来寻找语言使用与社会身份之间的紧密关系（Milroy，1980；Meyerhoff，1997；Eckert，2000；Zhang，2005，等）。本文介绍一种不同的研究方法，该方法主要是在中国的一些社会语言学研究中使用。中国社会语言学家在西方社会语言学分层研究（Labov，1966）和互动研究（Gumperz 1982，2003）的影响下，尝试将这两种研究融合起来形成一个以互动为基础的社会语言体系。笔者提出言语社区理论（The Theory of Speech Community，见徐大明，

2004；Xu，2006b，等）和语言城市化理论（The Theory of Linguistic Urbanization，见Xu，2006a；van den Berg and Xu，2010，等）来解释社会语言指示现象的复杂性。言语社区理论主要解决"范围"问题，而语言城市化理论主要关注的是动态性。本文主要讨论这两个理论，读者可以阅读 Zhou（2010）和 Gao（2017），以便更为全面地了解中国社会语言学研究。这两个理论与主流理论的不同之处在于它们不仅可以以静态的视角理解社会语言指示现象，而且展示了这种指示现象如何在言语社区形成的过程中产生。

一　中国的语言生活

21 世纪初，中国社会语言学独立而快速的发展明显有赖于当代中国社会的快速发展及其产生的深远影响。中国是世界上人口最多的国家，也是一个多民族多语言的国家。最新人口普查结果显示中国有 13.7 亿人口，由 56 个民族构成（人口普查办公室，

---

* 原文见 Xu，Daming. 2015. Speech Community and Linguistic Urbanization：Sociolinguistic Theories Developed in China. In：*Globalising Sociolinguistics*：*Challenging and Expanding Theory*. Dick Smakman and Patrick Heinrich（eds），95 – 106. London：Routledge.

摘要及关键词由译者补充。

2013)。中国以汉族人口最多,占总人口的91.51%,而其他55个少数民族占总人口的8.49%。中国政府网站列出了80多种语言,但是近期中国的出版物则列出了130多种语言。① 经过两千年的发展,汉语在悠久的文学传统的基础上形成了标准书面语。20世纪初,中华民国成立后曾正式推出一套汉语口语标准,但是直到中华人民共和国成立以后才正式推行另一套汉语口语标准,即普通话。人们总是可以感受到统一的书面语和文学传统产生的凝聚力,而这方面的标准化措施已经产生明显的影响,这尤其体现在过去几十年里普通话在中国的有效推广。

近年来中国发展迅速,工业化、城市化以及计划经济向市场经济的转型较为引人注目,并且对中国的语言生活产生了直接的影响。中国出现不少新的语言现象,一些以前不常见的现象现在已经较为常见,而以前一些正常的现象现在则变得较为罕见。一些语言和方言正在消失而新的语言变体正在出现,新的语言交际媒体正在改变过去的语言形式并产生新的语言形式。与此同时,人们使用语言的形式也已经改变,较为明显的例子有网络语言、语码混合、语言混杂,新的语用策略以及其他许多新的语言使用方式(国家语言文字工作委员会,2006—2011)。但是,正如下文所述,中国语言生活最根本的变化是由于中国前所未有的人口流动和社会流动而引起的言语社区的重组。

二　中国社会语言学研究

中国在20世纪80年代引入社会语言学,但是研究重点和有效组织的缺乏限制了中国社会语言学早期阶段的发展。世纪之交,中国的社会语言学研究进入一个新的阶段。2001年,首届中国社会语言学国际学术研讨会在北京举行。2003年,中国社会

语言学学会成立,会刊《中国社会语言学》创刊发行。同年,南京大学社会语言学实验室成立。此后,中国社会语言学研究的组织性更强。在中国社会语言学学会和南京大学社会语言学实验室的带领下,一些新的研究重点逐渐形成。2007年,中国语言战略研究中心在南京大学成立。基于南京社会语言学研究的传统,中心开展一系列的应用研究,即运用社会语言学理论来解决当前社会中的语言问题。学者们尝试将社会语言学理论及发现与语言政策的制定及评价相结合(徐大明、王铁琨,2012),例如调查言语社区重组过程中产生的问题,而研究成果也影响了公共政策的制定。

西方主流社会语言学理论为我们提供了分析说话者身份和意图的整体框架(Meyerhoff,2006),而中国日新月异的变化促使我们采取语言象征性和指示性等更加动态的视角。我们对理论思考的关注正是源于中国人口众多而引起的亟待解决的语言、交际和认同问题。

三　言语社区理论

Patrick(2002)指出,虽然学者很早提出了言语社区这一概念,但是大家对这一概念的理解存在不少争议,而且有关言语社区的专门研究并不多。这一现象明显是由于长期以来一直缺少一个有关言语社区的理论而造成的。我们需要一个理论,它一方面将言语社区这一概念放在中心而非边缘位置,另一方面连接社会语言学其他重要概念。徐大明(2004)尝试构建这一理论,认为言语社区是一个说话者的系统,它和其他语言系统,如音系和句法一样,需要进行专门的研究。有了说话者系统的补充,语言系统

① 和其他语言一样,学者对汉语中的一些变体是独立的语言还是方言一直存在争议,本文不讨论这一争议。

会更加完备。目前,语法性判断(即一种语言形式是否属于一种语言系统)一般是一种任意性的判断,例如说本族语的人有时意见不一致。我们认为语法性判断的权力在于言语社区,而非个人。我们可以通过言语社区的确立来确定语言,而不是通过语言来确定言语社区(Lyons,1970)。

Patrick(2002)指出,以语定区和以区定语存在循环论证。关于有关语言和社区谁是第一位,徐大明(2004)的言语社区理论给出一个肯定的答案:言语社区是第一位的。首先,一群说话者通过长期互动形成一个言语社区;然后,这一言语社区形成一种语言。"可以有没有标志性语言的社区,不可以有无社区依托的语言。"(徐大明,2004)

Patrick(2002)提出一个问题:言语社区是否真实存在? 同样,我们给出肯定的答案。通过扩展社区的社会学理论(Tonnies,1955;Cohen,1985;Smith,2001;Wagner,2004/2005),我们认为言语社区是一个社会性组织和一个说话者的组织。言语社区是一个可观察和度量的实体,这样的视角有助于揭示言语社区形成的过程。下面将介绍言语社区形成的案例。

(一)言语社区理论应用:昆都仑言语社区的形成

昆都仑区北方话鼻韵尾变异研究关注的是一个新言语社区形成的过程(Xu,2010)。北方话是使用人数最多的汉语方言,拥有9亿使用者。北方话鼻韵尾变异指的是在实际语言使用中鼻韵尾的实现状况。北方话鼻韵尾在所有北方话变体中都存在,已有不少学者对此进行研究(例如 Barale,1982;Xu,1992,等)。内蒙古包头市昆都仑区是在20世纪50年代形成的,当时来自各地讲着各自方言的工业移民来到昆都仑区。笔者在1987年首次对该区进行社会语言调查,之后又在2006年对该区再次进行调查

(见 Xu,1992,1993,2010;Xu and Wu,2006,等)。在两次调查中,北方话是该区主要使用的语言变体。

研究确定了北方话鼻韵尾的三个变项:元音鼻化变项、鼻辅音脱落变项和元音儿化变项。笔者分析了录音中变项的实现状况,即是否存在鼻化、脱落或儿化。1987年的调查采访了70人,2006年的调查采访了83人。笔者对受访者鼻韵尾情况进行定量分析,即按照变异分析的标准程序,对北方话鼻韵尾变异的内部(语言)制约条件和外部(社会)制约条件进行分析。对每一个变项,笔者使用变项规则分析法(Sankoff,1988;Tagliamonte,2012)分析其社会和语言因素,以便确定其内外制约条件。

在1987年对昆都仑区进行第一次调查的时候,笔者期望发现与当时其他地方(主要是高度工业化的社会)相似的结果。但是,结果显示在其他地方发现的许多外在制约条件并没有在笔者的研究中产生制约作用,而且内在制约条件也较少。我们在2006年对昆都仑区进行了第二次调查。有趣的是,第二次调查结果明显不同于第一次调查。在第二次调查中我们发现更多的内部和外部制约条件。

在调查中,我们使用十个音系因素作为潜在的内部制约条件进行分析,发现三个变项在第二次调查中受到的制约条件都有所增加。在第一次调查中,十个潜在制约条件中只有七个对鼻化和脱落构成制约作用,只有五个对儿化构成制约作用。不同的是,第二次调查结果显示十个潜在制约条件都对鼻化构成制约条件,九个对脱落构成制约条件,六个对儿化构成制约条件。

与内部制约条件的变化相比较,外部制约条件的变化更为明显。笔者在分析中使用七个社会—语体因素作为潜在外部制约条件。在第一次调查中,只有三个对儿化构

成制约作用,两个对脱落构成制约作用,没有因素对儿化构成制约作用。此外,在其他言语社区调查中发现的一些社会制约条件(例如年龄、性别和教育)并没有对第一次调查的变项构成制约作用。2006 年的调查发现三个变项都受到制约,而 1987 年的调查只发现两个变项受到制约。此外,所有变项的制约条件都有所增加。现在七个对鼻化构成制约作用,六个对脱落构成制约作用,五个对儿化构成制约作用。

我们还发现了变项变异范围的扩大。变异范围指的是通过变项规则分析法得出的同一因素最大作用值与其最小作用值的差(Xu,2010)。两次调查发现三个变项有 19 个内在制约条件。值得注意的是在第二次调查中,除了一个因素的变异范围略有缩小,其他因素的变异范围都扩大了(Xu,2010)。

一个变项的制约条件构成制约模式(Tagliamonte,2012)。从以上结果可以看出,昆都仑区北方话鼻韵尾变异的制约模式在扩大和增强。这不仅表现在制约条件的增加,也表现在变异范围的扩大。

根据言语社区理论,制约模式的本质是言语社区的两个本质特征,即语言变项共同的评价和变异抽象模式的一致性(Labov,1972;Patrick,2002;徐大明,2004)。因此,更为丰富而有效的变异模式代表着社区成员在言语行为、态度上"共同性"和"一致性"的增强(Xu,2010)。

昆都仑案例显示了一个移民言语社区成熟的过程。在方言接触的最初阶段,新成员来自不同的言语社区,他们对语言变项的评价并不一致,所以从言语社区层面来看缺乏制约模式。但是,经过长期的日常互动,成员互相调整各自的言语行为,这样言语行为与评价一致的社会语言模式终将形成。

昆都仑研究表明制约模式随着时间的推移而逐渐产生并增强。我们认为这是言语社区形成的过程。在一个方言接触的环境中,一个新的方言会因长期的言语顺应而产生(Trudgill,2003)。但是,正如言语社区理论所预测的,如果一个新的方言产生,它一定是在一个言语社区里产生(徐大明,2004)。到目前为止,语言学家忽视了语言产生的一个先决条件,即语言首先是在一个言语社区里产生。在相似的语言环境中,学者通常使用柯因化视角。柯因化视角不同于昆都仑研究所采用的视角。尽管两者都涉及一些社会条件,但柯因化视角更多关注的是语言形式系统,而忽视了形式系统的基础——说话者系统。

(二)其他言语社区理论的应用研究

在中国,目前有不少研究运用言语社区理论(徐大明、高一虹,2005;van den Berg and Xu,2010,等)。例如付义荣(2011)调查研究安徽省无为县傅村。该村有 249 名村民,他采访了那里的每一位村民。付义荣一方面收集村民的口语语料,另一方面调查村民的语言态度、移民史以及其他社会特征。他研究中的一个变项是父亲的称谓。尽管傅村村民都说同一种方言,但是村里不同家庭使用父亲称谓的三种不同变式:"大大"、"阿爷"和"爸爸"。起先,基于社会语言学文献,付义荣以为年龄、教育和移民史可能是称谓变异的制约因素。付义荣在之后的分析中引入社会流动,并通过运用言语社区理论,发现社会流动引起的言语社区结构性变化更适合解释"爸爸"称谓在傅村的普及。

徐大明和王晓梅(2009)应用言语社区理论并提出全球华语社区。该研究应用徐大明(2004)提出的言语社区五要素。与以往语言传播研究模式不同,全球华语社区并不是按照地理进行划分,而是根据成员对华语(华语是海外华人社区对现代汉语的称谓)的认同与使用。全球华语社区是其成员认同行为的产物,所以该模式内在一致性要强于 Kachru(2005)的国际英语言语社区。

以上研究代表了社会语言学以及语言学研究范式转变的一个尝试。它们与许多在相似的社会语言环境中进行的研究所采用的视角不同。学者们在不少地方已经研究了新城镇或移民对语言变化的影响(Britain and Trudgill,2005;Kerswill and Williams,2000,等),其中大多数研究引入移民和其他社会因素来解释语言变异、变化,并展示了一种语言为什么是这样的以及它是如何形成的。但是,与这些研究采用的社会解释语言的方法不同,言语社区理论走的是相反的道路,即用语言解释社会。当我们展示一个言语社区如何形成的时候,我们尝试通过语言解释为什么社会是这样的。

(三)语言城市化理论

在 20 世纪最后十年中国经济改革的影响下,中国城市化进程的步伐加快。中国的城镇人口在 1990 年只占全国人口的 26%,而在 2012 年已达到 52.6%。基于现在的人口发展趋势,估计到 2035 年,70%的中国人口将居住在城市。十多年里,中国许多大城市的人口已经翻了一番,其中农村向城市的人口流动成为城市人口增长的主要来源。

在中国,不少社会语言学学者注意到中国城市化现象(杨晋毅,2002;付义荣,2011;Xu,2010,等)。南京大学中国社会语言学实验室在成立之初就将城市语言调查①、语言变异和语言接触列为专门研究领域,其中城市语言调查是重中之重。2003 年实验室成立后便举办了以城市语言调查为主题的小型研讨会,后来发展成系列学术会议,并吸引了越来越多的参与者。该会议已经在内地、香港、日本、德国、荷兰等多个国家和地区举办。会议上发表的研究关注城市里的社会交际问题,语言转用引起的身份形成问题,言语社区的形成与重组,以及其他社会

语言问题。城市语言调查继承社会语言学的理论与方法,但是它正在调整它的语言研究导向,更加注重社会服务。语言城市化理论是这方面的成果之一。

语言城市化理论尝试为城市化进程中正在变化的语言现象构建理论模型。它的动态视角受到了社会语言学的语言变化,尤其是进行中的变化研究的影响,但它关注的是言语社区架构下的变化和言语社区之间关系的变化。它从描述走向解释,从理解正在变化的语言生活走向理解语言的本质。

(四)南京语言调查

2002 年开展的南京语言调查首创一种新的研究方法——问路调查法。该方法是从 Labov(1966)的快速匿名调查法演化而来。我们选择问路这一种特定的交际活动来了解城市里的语言交际。调查员在大街上行走并向路人问路来观察对方的语言使用。为了全面代表整个南京地区,我们使用南京城市地图作为一个抽样框并采用随机抽样的方法。观察的重点是对方的语言使用,即听到问路请求以后对方会使用哪种(些)语言变体。作为社会语言学调查,调查员还将对方的人口特征,例如年龄和性别等也都进行记录。南京语言调查的研究问题是:南京是否是一个言语社区?我们如何判定一个言语社区?

根据言语社区理论,言语社区是一个由人组成的有效的语言交际体。所以,交际成功率是本次调查的一个变项。由于问路是两个陌生人之间的邂逅,不能确保这次邂逅一定能够成功,所以言语社区概念操作化为交际成功,并设有三个分类取值:成功、困难和不成功。本研究的其他变量包括内部语

---

① 严格来说,尽管城市语言调查只是一个研究工具,但是它也可以看作一个研究领域,研究城市化对语言和言语社区的影响。它使用各种社会语言学方法,但常用社会调查方法。

言和外部语言。前者指的是熟人(例如路上同行的人)之间使用的语言,而后者指的是与陌生人(例如路人)使用的语言。调查结果显示不同语言变体作为内部语言和外部语言的使用都较为频繁。

南京调查证明了什么是言语社区。在社会语言学研究中,一个城市通常未经评价和解释就会被看作一个言语社区。尽管这种做法对于大多数研究来说是没有问题的,但是这种做法还是有问题的。例如一个城市有大批由外地新搬来的住户,这个城市能否看作言语社区就有待商榷。但是,我们发现虽然在城市化进程中大批外来人口涌入南京,但是南京仍然是一个言语社区。研究发现大部分(90%)的交际是成功的,这意味着在南京,对于陌生人来说交际成功不成问题。为了达到成功的交际,说话者需要共享一些语言变体以及特定语境的言语规范。在本次调查的基础上,我们认为南京话是南京言语社区的基础方言(有超过 60%的人以南京话为内部语言,有 50%的人以南京话为外部语言)。普通话是第二个重要语言(有大约 10%的人以普通话为内部语言,有超过30%的人以普通话为外部语言)。因此,南京是一个南京话—普通话双语社区。研究结果显示一个言语社区不是完全同质的,而是有序异质的(Weinreich et al.,1968)。言语社区成员并不只是使用一种语言,而是不同程度地使用多种语言。但是正如南京话是南京言语社区的象征性语言,交际成功率、语码共享率、语言选择的相似模式以及其他调查结果都显示该言语社区的主要趋势。

言语社区的结构表现有序异质性。研究结果显示根据地理位置,南京言语社区可以划分为核心区和边缘区。语言选择行为在核心区比在边缘区更为典型。Weinreich et al (1968)提出的异质性与主流语言学所持的同质性不同。南京调查结果显示作为一个理想化的形式系统,语言可以是同质的,但是言语社区是一个有序异质体。

南京语言调查不仅解决理论问题,而且有助于规范城市语言调查方法。不少学者使用相似的方法调查中国城市公共场合的称谓语(葛燕红,2005),研究流动人口[①]与普通话普及的关系(张璟玮、徐大明,2008)。读者可以阅读 van den Berg(2016)来全面了解这方面的研究。

四 结语

当代中国社会为社会语言学的发展提供了特殊的动力。中国是世界上人口最多的国家,也是一个社会经济正在经历前所未有变化的文明古国。与此同时,中国正在成为世界上语言现象最复杂而又充满活力的国家。不断变化的语言现象和不断增加的语言问题需要运用新旧理论来解决。在此背景下,我们提出言语社区理论和语言城市化理论来应对这些需求。前者源于变异社会语言学传统,但更多关注的是言语社区的结构,而非声音的句子的结构。后者起初是出于服务语言管理和规划等实际目的而进行描述的需要(Li,2010;Spolsky,2015),但是通过与言语社区结合,语言城市化理论提供了一种新的对语言的认识。

这两个理论在中国不仅应用较广,而且解释力较强。言语社区理论解释了语言与社会之间的关系,也搭建了语言学与社会学之间的桥梁。言语社区理论社区第一位的原则有助于深入回答语言如何运作和变化

---

① “流动人口”源于中国,生活在中国的住户都需要进行户口登记。在张璟玮、徐大明(2008)的研究中,流动人口指的是住在南京但是户籍所在地不在南京的人口。在改革开放前(20 世纪 80 年代以前),长期住在非户籍所在地是非法的,但是如今官方承认流动人口,个人可以申请暂住证。

的问题。"语言是一个适应的系统"（The Five Graces Group，2009）或许是回答这类问题的第一步。但是，是什么引起了语言适应？我们可以运用言语社区理论来回答这个问题。语言不是一个真正的有生命的物体，它也不能真正地去适应。当语言附着在有生命的言语社区的时候，人们才觉得语言具有生命。言语社区是一个社会系统，一个"有生命的系统"（Miller，1978；Bailey，2006）。语言在社会语境中变化，这种说法未免过于简单，它忽略了语言与社会之间的重要联系——言语社区。我们看到的语言变化是言语社区适应社会变化的结果。

最后我们回到指示性范围的问题。社会语言符号性的范围有多大？Eckert（2008）的研究表明言语社区的范围就是语言符号性的范围。语言符号性是在言语社区内构成的。言语社区的形成与语言城市化表明我们可以在言语社区运动的过程中更好地认识言语社区的结构及其重组。

参考文献

Bailey, Kenneth D. 2006. Living Systems Theory and Social Entropy Theory. *Systems Research and Behavioral Science*, 23(3).

Barale, Catherine. 1982. A Quantitative Analysis of the Loss of Final Consonants in Beijing Mandarin. PhD dissertation, University of Pennsylvania.

Britain, David and Peter Trudgill. 2005. New Dialect Formation and Contact-induced Reallocation: Three Case Studies from the English Fens. *International Journal of English Studies*, 5(1).

Cohen, Anthony P. 1985. *The Symbolic Construction of Community*. London: Tavistock.

Eckert, Penelope. 2000. *Linguistic Variation as Social Practice*. Oxford: Blackwell.

Gao, Yihong. 2017. Chinese Sociolinguistics. In, Rint Sybesma (ed.), *Encyclopedia of Chinese Language and Linguistics* (Vol. 4). Leiden: Brill.

Gumperz, John J. 1982. *Discourse Strategies*. Cambridge: Cambridge University Press.

Kachru, Braj B. 2005. *Asian Englishes beyond the Canon*. New Dehli: Oxford University Press.

Kerswill, Paul and Ann Williams. 2000. Creating a New Town Koine: Children and Language Change in Milton Keynes. *Language in Society* 29.

Labov, William. 1966. *The Social Stratification of English in New York City*. Washington, D.C.: Centre for Applied Linguistics.

Labov, William. 1972. *Sociolinguistic Patterns*. Philadelphia: University of Pennsylvania Press.

Labov, William. 2003. On the Development of Interactional Sociolinguistics. *Language Teaching and Linguistic Studies* 1.

Labov, William. 2006. *Introducing Sociolinguistics*. London: Routledge.

Labov, William. 2008. Variation and Indexical Field. *Journal of Sociolinguistics*, 12(4).

Li, Yuming. 2010. Language Planning in the People's Republic of China: Language Function Planning. In, Marinus van den Berg and Daming Xu (eds.), *Industrialization and the Restructuring of Speech Communities in China and Europe*. Newcastle: Cambridge Scholars.

Lyons, John. 1970. *New Horizons in Linguistics*. London: Penguin.

Meyerhoff, Miriam. 1997. Endangering Identities: Pronoun Selection as an Indicator of Salient intergroup Identities. *University of Pennsylvania Working Papers in Linguistics*, 4(2).

Miller, James G. 1978. *Living Systems*. New York: McGraw-Hill.

Milroy, Lesley. 1980. *Language and Social Networks*. Oxford: Blackwell.

Patrick, Peter. 2002. The Speech Community. In, J. K. Chambers, Peter Trudgill and Natalie Schilling-Estes (eds.), *The Handbook of Language Variation and Change*. Malden: Blackwell.

Population Census Office. 2013. *Tabulation on the 2010 Population Census of the People's Republic of China*. Beijing: China Statistics Press.

Sankoff, David. 1988. Sociolinguistics and Syntactic Variation. In, Frederick J. Newmeyer (ed.), *Linguistics: The Cambridge Survey*. Cambridge: Cambridge University Press.

Silverstein, Michael. 2003. Indexical Order and the Dialectics of Sociolinguistic Life. *Language and Communica-*

tion，23.

Smith，Mark K. 2001. What is Community? *Encyclopedia of Informal Education*. Online available at：www. infed. org/community/community. htm (accessed 22 March 2014)

Spolsky，Bernard. 2015. Preface. In，Yuming Li，*Language Planning in China*. Berlin：Mouton de Gruyter.

Tagliamonte，Sali. 2012. *Variationist Sociolinguistics：Change，Observation，Interpretation*. New York：John Wiley & Sons.

The Five Graces Group. 2009. Language Is a Complex Adaptive System. Position Paper. *Language Learning*，59(Suppl. 1).

Tonnies，Ferdinand. 1955. *Community and Association*. London：Routledge & Kegan Paul.

Trudgill，Peter. 2003. *A Glossary of Sociolinguistics*. Edinburgh：Edinburgh University Press.

van den Berg，Marinus. (Ed.) 2016. Restructuring Chinese speech communities：Urbanization，language contact and identity formation [Special issue]. *Journal of Asian Pacific Communication*，26(1).

van den Berg，Marinus and Daming Xu. 2010. *Industrialization and the Restructuring of Speech Communities in China and Europe*. Newcastle：Cambridge Scholars.

Wagner，Leonie. 2004/2005. Community—A Theoretical Approach to a Big Issue. *I.U.C. Journal of Social Work Theory and Practice* 10. Available at：www. bemidjistate. edu/academics/publications/social _ work _ journal/issue10/articles/2-ommunity. htm.

Weinreich，Uriel，William Labov and Marvin I. Herzog. 1968. Empirical Foundations for a Theory of Language Change. In，Winfred P. Lehmann and Yakov Malkiel (eds.)，*Directions for Historical Linguistics：A Symposium*. Austin：University of Texas Press.

Xu，Daming. 1992. A Sociolinguistic Study of Mandarin Nasal Variation. Dissertation，University of Ottawa.

Xu，Daming. 1993. Unexceptional Irregularities：Lexical Conditioning of Mandarin Nasal Deletion. *Diachronica*，10(2).

Xu，Daming. 2006a. Urban Language Survey. *Journal of Chinese Sociolinguistics* 2.

Xu，Daming. 2006b. Nanjing Language Survey and the Theory of Speech Community. *Journal of Asian Pacific Communication*，16(2).

Xu，Daming. 2010. The Formation of a Speech Community：Mandarin Nasal Finals in Baotou. In，Marinus van den Berg and Daming Xu (eds.)，*Industrialization and the Restructuring of Speech Communities in China and Europe*. Newcastle：Cambridge Scholars.

Xu，Daming. 2012. Speech Communities in Transformation：The Effects of Linguistic Urbanization in China. Plenary Speech at Sociolinguistics Symposium 19，Berlin，August.

Xu，Daming and Cuiqin Wu. 2006. The Formation of the Kundulun Speech Community. Sociolinguistics Symposium 16，Limerick，Ireland，July.

Zhang，Qing. 2005. A Chinese Yuppie in Beijing：Phonological Variation and the Construction of a New Professional Identity. *Language in Society*，34(3).

Zhou，Minglang. 2010. Sociolinguistic Research in China. In，Martin Ball (ed.)，*The Routledge Handbook of Sociolinguistics Around the World*. London：Routledge.

付义荣.2011.言语社区和语言变化研究：基于安徽傅村的社会语言学调查.北京：北京大学出版社.

葛燕红.2005.南京市小姐称呼语的调查分析.中国社会语言学(2).

国家语言文字工作委员会(2006—2011).中国语言生活绿皮书：中国语言生活状况报告.北京：商务印书馆.

徐大明.2004.言语社区理论.中国社会语言学(1).

徐大明、高一虹.2005.城市语言调查.中国社会语言学(5).

徐大明、王铁琨.2012.中国语言战略.上海：译文出版社.

徐大明、王晓梅.2009.全球华语社区说略.吉林大学学报(哲社版)(2).

杨晋毅.2002.中国新兴工业区语言状态研究(下).语文研究(2).

张璟玮、徐大明.2008.人口流动与普通话普及.语言文字应用(3).

作者简介

徐大明，教授，博士生导师，澳大利亚西悉尼大学双语研究中心研究员，主要研究方向为社会语言学、语言规划学。电子邮箱：xudaming@nju.edu.cn。

译者简介

阎喜，博士，华侨大学外国语学院副教授，主要研究方向为社会语言学、应用语言学、功能语篇分析、翻译研究。电子邮箱：yxmax1980@126.com。

Speech Community and Linguistic Urbanization: Sociolinguistic Theories Developed in China

Xu Daming

Western Sydney University

Abstract: In contemporary China's language situation, the ever-changing language phenomenon and ever-increasing language problems call for a solution with an aid of both new and old theories. Against such a background, this study proposes the Theory of Speech Community and the Theory of Linguistic Urbanization to explain the complexity in contemporary China's language situation. The two theories have been applied widely in China with strong explanatory force. It is hoped that this study could promote the theoretical construction and application in China's sociolinguistic studies and be of some help for the internationalization of Chinese sociolinguistic studies.

Key words: language situation in China; speech community; the theory of speech community; the theory of linguistic urbanization

言语社区[*]

特鲁迪·米尔本　奚　洁[译]

引言

"言语社区"一词指的是一群以独特的、同一的方式进行交际的说话者。这一术语最初在语言学领域发展起来,后被社会语言学、社会学、人类学、传播民族志学和教育学领域的学者所采用。布龙菲尔德于 1926 年首次引入这一术语,将言语社区定义为"一群通过言语互动的人"(Bloomfield,1935)。在布龙菲尔德对该术语更为全面的解释中,还包括言语社区的群体特征、所使用的语言以及言语社区的研究方法。

言语社区研究一直采用语言学方法,通过仔细观察,记录词汇形式以及语法结构,来研究言语习惯和约定俗成的行为,例如礼貌举止。在言语社区的研究中,还采取了一些其他方法收集数据,例如直接参与式观察、访谈、问卷调查、历史文本研究以及书面在线消息。最初,统计数据被保留下来,往往用来研究历时的言语变化,现在则作为一种更突出的分析方法,特别是用来进行与言语语料库相关的研究。

在言语社区的研究中,界限划定始终是一个问题。例如,生活中更常见的分析单位(如经济或政治社区),可能与言语社区重叠。由于言语社区的主要边界标记是语言使用,因此基于研究的不同因素,产生了各种问题。例如社区成员可能并非天生会使用该社区的语言,或者可能是被同化进入当前所属言语社区。相关的,居住在某一地区的居民一直是言语社区分析的焦点。同一区域可能存在两个或更多的言语社区。例如,研究人员可以确定互动的程度和数量,或者有没有互动,从而为一个城镇或城市内存在的几个言语社区提供足够的研究证据。通过这种方式,研究范围可以从大型城市区域(如伦敦)到非常小的微区域(如特拉华的某个小镇),以及在每个区域内相应的、独特的说话方式。

言语社区因其成员的人口统计信息而异。布龙菲尔德确定了许多类别,例如年龄、性别、群体网络的规模和密度,其成员的语言熟练程度,以及其成员的不同职业(从医生到艺术家)。其他一些对言语社区的界定基于国籍或民族起源,例如从澳大利亚悉尼的公民到声称是墨西哥裔美国人的后代,不一而同。言语社区可以包括多个人口统计特征,例如具有广泛年龄范围的家庭。或者,单个人口统计特征可能用以界定言语社区,例如具有特定说话特征的青少年(年龄特征),或说与男性不同的女性(性别特征)。有时候,一个人所扮演的角色可能表示一个单独的言语社区,例如教师与学生,或者新郎与新娘的父母分属不同言语社区。在特定的

　＊ 原文见 Milburn, Trudy. 2015. Speech Community. In:*The International Encyclopedia of Language and Social Interaction*, First Edition. Karen Tracy, Cornelia Ilie and Todd Sandel (eds). New York: John Wiley & Sons, Inc.

　DOI: 10.1002/9781118611463/wbielsi040

宗教团体中,言语社区的成员甚至可能包括广泛的非人类的说话者,如神灵和天使。

一旦某个群体被识别为言语社区,其成员就开始更多地了解他们对其他群体或说话者的评价、判断或态度。特定的说话方式会被认为良好或糟糕。然而,并非所有的判断都一定是正面或负面的价值判断。有些人可能对其他不受欢迎的语言形式有一种情感依恋。或者,一些言语代码可能受到某些群体的高度重视,例如某些犯罪分子共享某种秘密言语代码,但作为另一言语社区成员的执法人员,却因为无法触及这种语码而摒弃它。

一 研究类别的演变

从 20 世纪 60 年代末和 70 年代初开始,三位重要人物,即甘柏兹(Gumperz)、拉波夫(Labov)和海姆斯(Hymes),完善了言语社区的概念。尽管他们的工作都已成为所有后续分析的基础,但拉波夫的工作在当前关于言语社区的研究中最为突出。

甘柏兹(1968)强调了有规律的和频繁的互动,并指出,"因为语言使用显著差异不断集聚,言语社区从类似的聚合体中**脱离出来**而形成"(第 381 页;粗体为笔者所加)。他的定义被用来检验单语和双语人士(如同时说西班牙语和英语的墨西哥裔美国人)之间的区别,以了解他们如何超越了地理条件限制,构成了这个异质性的社区,从而区别于其他群体。

拉波夫(1972)提醒我们注意那些使用共同规范的说话者,无论这些规范是否经由社区成员的一致同意发展而来。这一传统的研究方法可以用于检查整个语言,例如英语(注意它可以分为标准和非标准形式),而其他语言则考察语言的特定部分或语言变体。特定说话方式的含义可能与社会阶层或等级制度有关,而且通过扩展,标准形式

可能基于使用地点。例如,标准形式用于公共场所,如学校、教堂和法院,而非标准形式可以在家庭或游乐场等私人场所听到。遵循这些研究路线,基于区分学科的言语变异,例如人类学、语言学、社会语言学和教育学中的言语特点,展开了一些研究。例如,在教育领域,一些人开始了解更多关于非英语或非标准英语言语社区的知识,以便提高英语或英语作为第二语言的教学。也可以了解说话者在两种语言之间进行恰当的代码转换的时机掌握能力,还可以研究特定的多语言语社区,例如在塞内加尔的沃洛夫语(Wolof)和法语之间切换的说话者,研究他们根据什么规则,来决定何时使用何种语言。

多年来产生了许多对特定语言变异的研究,其中包括对插入、交替、时态、标记、否定、重复、反转和升级等模式化使用的研究。还有些研究针对较大的语言单位的变异模式,如口音、句法结构、形态类别和音系单位,从而了解说话者如何使用上下文化提示,以确定何时使用每个功能。遵照海姆斯的研究理念,由社会群体这一"初级术语"开始,逐渐转化为选择一个言语社区,然后进行分析。与拉波夫一样,海姆斯的定义包括生成和解释言语的共同规则,但他更多地关注社会方面,而不是语言层面。海姆斯在1974 年讨论了社区参与者和社区成员之间的区别。他还非常重视说话能力的目标。因此,他认为更重要的是了解社会群体如何认为说出某些内容是恰当的,而不是说一些必须在语法上正确的内容。

通过使用传播民族志的研究方法,海姆斯的学术流派蓬勃发展。其中,菲力普森(Philipsen,1975)关于替姆特维尔(Teamsterville)地区的研究首次将言语社区的概念引入传播学。在他的带领下,卡伯(Carbaugh, 1993)和菲奇(Fitch,1994)及其学生

利用传播民族志学的方法研究文化、话语和交际实践,研究目标是更多地了解认同、人格或社会成员身份。有些人将言语社区或交流社区作为研究基础,而其他人则特意避免使用该术语。最近,这一流派学者试图利用群体内部标记来确定其边界或实践,并仅关注群体本身认为有意义的内容。

米尔本(Milburn,2004)回顾了言语社区在该学科中的应用。她发现在通常情况下,学者会进入一个群体成员互动的场景,并通过观察标注、地点或语码来定义言语社区的界限。在这个过程中,研究人员而不是群体本身来定义被调查群体的界限。另一个问题是,群体成员的交流不仅包括语言,还包括手势、非语言维度、共同的行动及其意义。仅仅关注言语社区可能会限制那些想要扩展沟通的成员。

帕特里克(Patrick,2002)也进行了一项广泛的文献综述,探讨语言和文化的融合是否是一个历史巧合。要解决这个问题,必须将文化(如布龙菲尔德所做的)视为更广泛的范畴,将言语社区视为文化中的一个群体。虽然帕特里克努力将言语社区作为一个复合概念,但他认为语言特征应该比社会单位更具相关性。

二 "言语社区"的研究未来

关于言语社区未来的研究,必须认识到随着时间的推移,语言和社区会发生变化。虽然一些研究暂时关注一个已有的言语社区,给人的印象是它具有稳定的品质等待研究者发现,但是必须始终认识到研究发生在某个时间点,因此只是当时特定的言语社区的一个简单图景。

"言语社区"一词是否仍然具有相关性,或者其他术语是否变得更有用,从而使"言语社区"这一概念黯然失色?例如,当学者使用术语"话语社区"(discourse community)时,他们会研究参与者的一组常规交际实践。有些人更喜欢用话语(discourse)一词,因为它似乎包含了书面语和言语(尽管言语社区的界定也对书面语进行研究)。话语社区与言语社区的重叠可能只是偶然,因为话语社区的成员可能不会共享地理边界,也不会成为历史性的社会群体。最近,一些传播学领域的民族志研究人员开始质疑言语社区研究的价值,他们选择专注于交际实践的研究。例如,一些研究者建议转向并强调雷夫和温格(Lave & Wenger,1991)的"实践社区"这一术语。但是,把语言作为交流行为的一种形式进行研究,甚至可能无法理解这些行为是否会促成群体成员身份建立。

对于许多人来说,定义特定言语社区的最初原因是比较和对比不同群体之间的说话方式。然而,今天许多学者认识到有些人可能会参与一个以上的言论社区,成员身份可能会重叠。当研究的重点更多的是人们如何互动以实现共同目标,而不是人们如何互动以形成群体时,言语社区的界限可能变得不那么重要了。

对于言语社区这个术语的应用而言,主要的挑战可能是地理界限问题。虽然传统上研究人员谨慎地设置一个地理区域或地区以确立一个言语社区,但人们越来越关注以前被视为稳定、同质的群体是如何扩散,同时也更关注包括不同小群体的某个地区,其间这些亚群体的交际具有特定语言特征。与此同时,一些研究人员正在使用更精确的地理方法和测量,使言语社区地理边界的区分方法得以理论化,从而能非常具体地定义言语社区的边界。最近的其他研究集中在言语社区的形成和解散,这些社区不再依赖于生活在同一地理区域的人,而依赖于那些在虚拟空间中有目的地与他人互动,从而形成在线言语社区的人。事实上,有些研究者认为在线社区可以延续正在消失的言语或言语实践。类似的,一些研究调查了说话者的语言忠诚度,以确定某个特定的社会群体是在维持自身还是在加速其消亡。

总而言之,在决定术语社区适用时,以下问题可作为其在应用中的指导:

• 对社会群体的兴趣是否促使对群体交流方式的研究?

• 被研究的群体是否以独特的方式使用语言?

• 互动者是否使用或发展了组内特有的互动规范或规则?

• 参与者是否必须具有共同的语言或说话方式,以期适当地使用它?个人可以单独行动并且仍然是该群体的参与者吗?重叠的成员身份或异质性的不同群体如何得以体现?

• 社区的目标是沟通还是完成联合行动?

值得注意的是,文献中没有任何评论来说明如何命名那些不构成言语社区,但互动者进行着有规律的、一致的互动的群体。类似这些问题,或源于传统研究的其他问题,可以使未来的言语社区研究更富有成效。

参考文献

Bloomfield, L. 1935. *Language*. London, UK: George Allen & Unwin.

Carbaugh, D. 1993. Communal voices: An ethnographic view of social interaction and conversation. *Quarterly Journal of Speech* 79.

Fitch, K. 1994. Culture, ideology, and interpersonal communication research. In, S. A. Deetz (Ed.), *Communication Yearbook*, 17. Thousand Oaks, CA: Sage.

Gumperz, J. J. 1968. The speech community. *International Encyclopedia of the Social Sciences*. New York, NY: Macmillan.

Hymes, D. 1974. *Foundations in Sociolinguistics: An Ethnographic Approach*. Philadelphia, PA: University of Pennsylvania Press.

Labov, W. 1972. *Language in the Inner City: Studies in the Black Vernacular*. Philadelphia, PA: University of Pennsylvania Press.

Lave, J., & Wenger, E. 1991. *Situated Learning: Legitimate Peripheral Participation*. Cambridge, UK: Cambridge University Press.

Milburn, T. 2004. Speech community: Reflections upon communication. *Communication Yearbook*, 28. London, UK: Routledge.

Patrick, P. L. 2002. The speech community. In, J. K. Chambers, P. Trudgill, & N. Schilling-Estes (eds.), *The Handbook of Language Variation and Change*. Oxford, UK: Blackwell.

Philipsen, G. 1975. Speaking "like a man" in Teamsterville: Culture patterns of role enactments in an urban neighborhood. *Quarterly Journal of Speech*, 61.

作者简介

特鲁迪·米尔本,华盛顿大学教授,美国传播学会语言和社会互动部主席。主要研究方向为语言与传播。

译者简介

奚洁,博士,南京大学大学外语部副教授,主要研究方向为学术英语写作、语言认同和英语国际通用语。电子邮箱:xijie@nju.edu.cn。

言语社区测量指标体系的建构

邓　彦

提　要：言语社区理论是社会语言学的重要内容，它在语言变异理论、互动语言学、传统方言学、结构主义语言学研究成果的基础上，结合国内外语言学家关于言语社区重要观点而形成。它认为言语社区是语言的自然存现单位、语言学的首要研究对象，提出了测量言语社区指标体系的基本要素，为语言学的发展提供了一条新途径。但言语社区理论未得到充分发展，言语社区测量还缺少一套科学的定量指标。本文在"解构"言语社区测量指标的基础上，通过概念操作化的方式，将言语社区理论的"人口、地域、互动、设施、认同"要素转换为"语言身份、语言环境、语言运用、语言能力、语言态度"概念，在充实言语社区理论的同时，"建构"起言语社区测量指标体系。

关键词：言语社区理论；解构；测量指标体系；建构

引言

言语社区，又称言语社团、言语共同体，源于德语的"sprachgemeinschaft"（沃德华，2005），因此而产生的"言语社区理论"是社会语言学的重要理论。从 20 世纪 30 年代至今，言语社区理论研究经历了定义、理论构建、实证三个阶段。在定义阶段，国外许多语言学家分别从人口、地域、互动、设施、认同等方面对言语社区进行界定，如重视"人口"要素的甘柏兹（1968）把言语社区界定为"表现出值得研究的语言特色"的"社会群体"，重视"地域"要素的海姆斯（1962）把言语社区界定为"一种成员共处一个地区并有直接交往的地方性单位"，强调"互动"要素的布龙菲尔德（1993）把"依靠言语相互交往的一群人"视为一个言语社区，强调"设施"要素的莱昂斯（1970）把"使用某一特定语言（或方言）的全体人员"视为一个言语社区，拉波夫（1972）则认为言语社区"是根据一套共有的规范来界定的"。21 世纪初，言语社区理论进入了理论构建阶段，徐大明（2004）等学者综合国内外语言学家关于言

语社区的论述，概括出言语社区是"语言学的首要研究对象、语言调查的基本单位"的观点，提出了言语社区的"人口、地域、互动、设施、认同"五要素，指出了言语社区相关指标操作化方向。在实证阶段，许多研究者做了大量的研究，徐大明（2004）通过对新加坡华人社区五要素进行量化研究，发现新加坡华人社区的互动、认同指标没有达到一定数量，因此该社区不能视为一个言语社区。而王玲、徐大明（2009）的《合肥科学岛言语社区调查》，夏历（2007）的《农民工言语社区探索研究》，阎喜（2016）的《言语社区的多语本质——以澳门为例》等通过测量后，都证实言语社区的存在。不过言语社区研究还存在一些问题：一是言语社区的测量指标体系还没有建构起来，"问卷设计还缺乏科学的标准"（徐大明，2011）；二是理论的"建设水平比较低，尚处在初创阶段"（陈颖，2016）。为此本文以"解构"的方式对言语社区理论进行阐述、充实，并在此基础上"建构"言语社区测量指标体系（以下简称测量指标体系）。

一 言语社区理论解构方式及测量指标体系建构方法

（一）言语社区理论解构方式

解构，又译为"结构分解"，源于海德格尔《存在与时间》中的 deconstruction，后来逐渐演变为德里达学派理论。"解构的首要意义，在于它针对经典思想形成的'真理'和'知识'的本体论所做的特殊思辨"（童明，2012）。解构既是一种理论，也是一种阅读方式，这种阅读方式称为解构式阅读。延异性、互文性、多元性、思创性是解构式阅读的主要特征，重复性阅读→批评性阅读→重构是解构式阅读的主要路径。鉴于言语社区的认识仍存在分歧的状况，本文对言语社区理论的解构按照"分解→阅读→重构"的思路进行：首先将言语社区理论分解为"人口"、"地域"、"互动"、"设施"、"认同"五大部分；其次分别以这五部分为主题，对言语社区理论的经典文献、典型案例等文本进行重复性阅读、批评性阅读，形成笔者对这些文本的认知；最后按"人口"、"地域"、"互动"、"设施"、"认同"依次对言语社区理论进行归类和串联，形成新的理论框架。

（二）测量指标体系建构方法

言语社区测量是社会学测量的一种。因此，建构言语社区测量指标体系要遵循社会学的相关原理，按照"概念→变量→指标"的模式来进行。言语社区理论的研究基础是语言变异，语言变异研究的基本单位是语言变项，一个语言变项通常有两个变式或多个变式。在语言变异的测量中，指标体系的构建一般是按照"言语社区→变项→变式"的模式进行的（徐大明，2006）。言语社区是一个由"人口"、"地域"、"互动"、"设施"、"认同"要素组成的可测量语言单位，但至今五要素并没有通过定量测量的方式转换为指标。因此要把言语社区中的"要素"、"变项"、"变式"转换为"概念"、"变量"、"指标"。

（1）概念化

在生活中人们对一些事物或现象的认知有时往往不尽相同，这就需要交流，达成共识。达成共识的过程就是"概念化"，达成共识的结果就是"概念"。所以，"概念化就是将模糊的、不精确的观念明确化的思维过程"。"概念化包括明确概念指标并描述其维度"（艾尔·巴比，1985）。在这一过程中，我们要对"人口"、"地域"、"互动"、"设施"、"认同"进行阐释，并将其转换为"语言身份"、"语言环境"、"语言运用"、"语言能力"、"语言态度"五个"概念"。

（2）操作化和建立指标

操作化是概念化的延伸，它是将经过"概念化"后得出的概念量化为若干个变量。"变量是可以凭经验具体观察和测量的、代表具体事物或现象的概念"。"指标是认识研究变量的指示项，是用来描述一个概念或变量的一组可观测的事物"（郭强、李梅，2004）。在这一过程中，我们将"人口"、"地域"、"互动"、"设施"、"认同"分解为若干个变量，再列出这些变量的指标。

二 言语社区理论解构及指标体系建构

（一）"人口"要素的解构及测量指标体系的建构

（1）"人口"要素的解构

语言变异"受到如年龄、性别、社会地位等""社会变项"的影响，产生了语言的"社会变体"。社会学把年龄、性别、社会地位等称为社会身份。徐大明（2004）认为"人口"在言语社区理论中是指"在一定地理范围内聚集的人群"。但"人群"是不能显示出性别、年龄、社会地位等社会身份的，显然言语社区理论的"人口"是指"人群"中的个人及个人身份。人在任何时候都具有三重身份：一是客观世界强行赋予的身份，如社会阶层、性别、年龄、民族等;二是自身主观认为的身份;三是别人强加于自己的身份。身份在语言运用和选择中呈现出多样性:语言随着使用者社会身份的不同而变化,即"身份"是语言的"变项";使用者的身份是在对语言的选择过程中建构起来的,即"语言"是身份的反映。"人口"显然是指第一重身份。由此而论,言语社区理论的"人口"实质性意义为:在一定的言语社区中,影响语言运用的社区成员的身份。

语言身份的维度是不确定的,要根据实际需要而定。以拉波夫的调查为例,在马岛调查中,他把语言身份划分为籍贯、职业、年龄;在纽约市百货大楼调查中,他把语言身份划分为种族、职业、年龄、社会阶层等;在纽约下东区调查和费城街区研究中,分别增加了教育程度、收入、宅基价值。我国一些社会语言学家对此划分也不一样,陈原(1988)划分为阶级、文化程度、经济地位、性别、年龄等,陈松岑(1999)划分为年龄、社会阶层、职业、文化程度、种族、性别等,徐大明(2006)划分为年龄、性别、社会阶层、民族等。综合上述观点,本文将语言身份的维度归纳为性别、年龄、社会阶层(职业、学历、经济)、民族、母语。每一个维度是一个变项。

(2)"语言身份"测量指标体系的建构

① 性别身份。性别身份在当今社会语言学中已经成为"一个最具有生命力的社会变项"(徐大明,2006),是"区别语言使用者的本质变量"(谷小娟、李艺,2007)。拉波夫的马萨葡萄园岛和纽约市调查、特鲁吉尔的诺里奇市调查、米尔罗伊夫妇的贝尔法斯市调查等研究成果表明,女性比男性更多地使用高威信的标准变式,这种性别/威信模式是英语世界中的一个社会语言学普遍原理(徐大明,2006)。在汉语里也是如此,在广州的一项调查中,男性与女性对于普通话的

语言态度差异达到显著水平(徐晖明、周喆,2016)。作为一个变项,性别身份具有男、女两个变式,设置男、女两个指标。

② 年龄身份。在语言变异中有一种变异叫作年龄级差变异,这种变异的变项通常和某一特定的年龄阶段相匹配,在低于或高于该年龄阶段的人的日常言语中一般都不会出现有关变式。发展心理学认为"不同生命阶段的人具有不同的身份特征",即"生命身份",每个年龄段的人有共同或类似的语言、行为、思维方式(谷小娟、李艺,2007)。作为一个变项,年龄身份具有少年、青年、中年、老年四个变式,设置少年、青年、中年、老年四个指标。

③ 社会阶层。在西方的语言变异研究中,社会阶层一直是一个十分关键的变项,并按照"社会阶层=职业×2+教育×4+收入×1+住房×1"公式,将社会阶层的各个因素折算成一个终极的分值。但西方的做法并不一定符合中国言语社区的实际,如此划分,可能会出现一个收入很低的大学教师与一个文化程度很低但收入却很高的个体工商者在社会阶层的分值上一样的现象。所以中国一些学者的做法是将"社会阶层"分解为职业、教育程度、家庭收入、住房四个独立的变项(徐大明,2007),或是收入、文化程度、职业、年龄四个独立变项(李明洁,1997)。本文综合学者们的做法,将"社会阶层"分解为"职业身份"、"学历身份"、"经济身份"三个独立变项。

职业身份:有公务人员、专业技术人员、工商人员、工人、农民、学生、其他七个变式,可设置七个指标;

学历身份:有小学、初中、高中、大学、研究生五个变式,可设置五个指标;

经济身份:有高收入者、中等收入者、低收入者三个变式,可设置三个指标。

④ 民族身份。李克福特与麦克奈尔-诺

克斯比较两个不同调查人员(一个是美国白人,另一个是美国黑人)和同一个调查对象(美国黑人)的谈话情况。结果发现调查对象在与黑人调查员谈话时,常常多次、频繁地转用黑人英语的用法。因为调查对象觉得交谈对象和她是同一民族,因而更多地使用具有民族特色的语言表达。贝尔和约翰逊在新西兰也进行过类似研究,结果再一次验证了调查对象和交谈对象是否来自同一个民族对语言使用影响很大(徐大明,2006)。笔者在广西巴马言语社区调查时也发现,当几个陌生的、同一个民族的人在一起谈话时,开始时使用的是汉语,当他们知道大家是同一个少数民族时,都用本民族的语言谈话(邓彦,2012)。不过如何定义"民族",存在不少的困难,且"民族"与"人种"有时容易混淆,这给民族的划分带来困难。因此要按照所测量的言语社区的实际而定。本文将民族划分为多数民族、少数民族两个变式,设置两个指标。

⑤ 母语身份。母语在语言变异研究中,是一个对"民族"有互补的变项。在西方,很多人的父母分属两个民族,这样他们的下一代在选择民族类别的时候就会遇到难题。在中国很多的民族地区和移民地区,异族通婚常常会形成家庭双语或多语言现象。这就给民族识别带来不少困难,而语言能够深刻表达特定地域的种族群体对自然、社会和精神的理解,通过母语可以考察出一个人或一个家庭成员的民族本源。母语在语言变异研究中更是一个必不可少的社会变项,母语变异和非母语变异成为语言变异的种类(丁崇明,2000)。由于所要调查的言语社区不同,对母语维度的划分也是不一样的,本文将母语划分为汉语、少数民族语、外国语三个变项,设置汉语、少数民族语、外国语三个指标。

(二)"地域"要素的解构及测量指标体系的建构

(1)"地域"要素的解构

如果说语言的"社会变体"是由年龄、性别、社会地位等社会因素产生的,那么语言的"地域变体"则是由于地域因素造成的。因此,言语社区理论把"地域"作为言语社区理论的要素,成为一个"地理变项"。言语社区理论之所以将"一个讲话人的群体"(徐大明,2004)称为"言语社区",而不称作"言语共同体"、"言语社团",就是要明确言语社区并不是一个组织,而是一个空间,突出言语社区的地域性,体现"社区是第一,语言是第二"的原则。因此徐大明给"地域"的定义是指"一定区域"(徐大明,2004),"有明确的地理和空间范围",并特别强调"'言语社区'是一个符合社会学定义的社区",社会学的"社区要素"都能在"言语社区"中找到"对应物"和"相应的表现"(徐大明,2004)。社会学社区的首要特征就是有一定的地理区域。这显然是受方言学的影响,希望言语社区也能像"方言区"那样有固定的地理空间。

地域对语言而言有两个意义:一是作为社区成员进行语言交际的地方,地域成为语言使用的环境;二是作为社区成员赖以生存的地理空间,地域通过成员生活方式的中介而成为社区的语言环境,塑造着社区成员的文化语言心理,从而造成地域意义上的语言差异。由此观之,地域实则是一种语言环境。所以徐大明借助方言学"语言变化从一个地方传播到另一个地方"的地理扩散理论,把社会语言学意义上的语言变异称为"从一个语言环境到另一个语言环境"(徐大明,2006)。语言环境包括自然环境、地域经济、地域文化三个维度,一个维度是一个变项。

(2)"语言环境"测量指标体系的建构

① 自然环境。自然环境是指一定社会所处的地理位置以及与此相联系的各种自

然条件的总和。从语言传播看,地理环境成为语言变项,是因为地理障碍阻碍了语言的传播。如美国英语和英国英语的差异。又如贵州屯堡的语言,虽然其周边被少数民族语言包围着,但由于屯堡的封闭,时隔600年仍保持明代官话的特点(邓彦,2017);反之平原港口、交通要道、河流附近等交通便利地区,与外界交往频繁,既有利于语言的传播,受外来语言影响也大。例如地中海地区的一些港口使用的是由法语、西班牙语、希腊语、意大利语、阿拉伯语等混杂而成的语言。又如19世纪的洋泾浜英语、广东英语。以上这些现象,用语言接触理论解释,就是语言的变异是由语言接触引起的,而语言接触的程度是与地域的封闭或开放程度有关的。因此"自然环境"具有"开放"、"封闭"两个变式,设置两个指标。

② 地域经济。地域经济是指一定的地域范围内的经济内部因素与外部条件相互作用而产生的综合体。地域经济的发达或欠发达深刻影响着语言的变化。例如广西东部地区的经济发展水平较高,语言呈现单一性、趋同性的特点;西部的经济发展水平较低,普通话的普及水平也较低,方言土语的隔阂也较为严重,语言的多样性也十分普遍(刘丽静、李向农,2014)。因此"地域经济"具有"发达"、"欠发达"两个变式,设置两个指标。

③ 地域文化。地域文化是指在特定地域范围内所形成的具有明显地域特征的风俗传统、行为习惯、生活方式等。语言的变异往往跟地域文化的单一或多元有关。例如广西巴马言语社区在中华人民共和国成立前,社区内的文化是单一的,为壮族文化,中华人民共和国成立后的社区文化出现了壮、汉两种文化同时并存的状态,改革开放以后,汉族文化已经成为社区文化的主流。同时社区内的语言使用情况亦随之发生变

化:由中华人民共和国成立前的壮语单语社区变成中华人民共和国成立后的壮—汉双语社区,改革开放后转变为濒危言语社区(邓彦,2015)。因此"地域文化"具有"单一"、"多元"两个变式,设置两个指标。

(三)"互动"要素的解构及测量指标体系的建构

(1)"互动"要素的解构

许多社会语言学家都把互动视为语言运用。如上文所述,甘柏兹把互动等同于语言运用。徐大明(2002,2006)也认为互动"是讲话人利用有关语言的知识和非语言的知识以互动的方式所进行的交际实践"。"不过严格的语言学意义上的研究对象并不是交际,而是交际过程中的语言使用"。由此而论,互动是指人们在具体交际环境中的语言运用,或互动语言学所称的"言语运用"。不过"在现实的交际活动中,话语实际传达的意义往往不是所使用的词语的一般意义,而是……(一种)特殊的意义"(徐大明,2002)。因为语言运用的过程是"谁在何时用何种语言向谁说话"(费希曼,1965),是受互动的时间、地点、场合、对象、目的、互动者及其思想等因素的影响,这就是"语境"。人们在不同的社会领域中活动,于是就出现了不同的语境,产生了一系列言语特点,最终形成了言语变体。如果说因"人口"、"地域"分别产生了社会变体、地域变体,那么因"互动"产生了言语变体。

美国社会语言学家乔舒亚·费希曼(1965)把这些不同领域的语境分为家庭、友谊、宗教、教育、就业等五个领域。由于中国文化的特殊性,中国的宗教包括儒教及儒家文化改造过的佛教和道教。但这"三教"不是西方严格意义上的宗教。中国是世俗社会,世俗生活远比宗教生活重要。所以本文把"宗教"改成"生活"。即语境有家庭领域、朋友领域、生活领域、学校领域、工作领域五

个维度,每一个维度为一个变项。

(2)"语言运用"测量指标体系的建构

① 家庭领域。以家庭为互动场所、以亲属为互动对象的语言行为领域。家庭领域有长辈、同辈、晚辈、配偶等四个变式,设置四个指标。

② 朋友领域。以朋友圈为互动场所、以朋友为互动对象的语言行为领域。朋友领域不同,朋友的类型也不同,要根据社区的性质、测量的目的来决定,如是多语社区,至少应该有本族语朋友、非本族语朋友两个变式,设置两个指标。

③ 生活领域。以日常生活场景为互动场所、以各种人群为互动对象的语言行为领域。生活领域有与邻居交谈、集市买东西、超市买东西、医院看病、政府部门办事五个变式,设置五个指标。

④ 学校领域。以学校为互动场所、以老师同学为互动对象的语言行为领域。学校领域有小学时、初中时、高中时、大学时四个变式,设置四个指标。

⑤ 工作领域。以工作场所为互动场所、以同事为互动对象的语言行为领域。工作领域有和同事交谈时、单位会场时两个变式,设置两个指标。

(四)"设施"要素的解构及测量指标体系的建构

(1)"设施"要素的解构

言语社区"设施"包括语言的音义符号系统、语言权威机构、语言典籍、成文标准、舆论压力等(徐大明,2004),即是一切有形无形的可维持和保障社区言语交际的事物。但在语言活动中,人们不可能捧着一大堆的典籍、语言规范的文件进行言语交际。因此"设施"是不能直接进行言语互动的,但是如果这些"设施"已经融在一个人的头脑之中,内化为一种语言能力,那么就可以进行言语互动了。语言能力是乔姆斯基在索绪尔

(1916)的"语言和言语"理论基础上提出的,他还同时提出"语言运用"。语言能力是指人类与生俱来具有的语言指示,是一种内化了的包括语音、词汇、语法规则的体系,而语言运用是内化了的语言知识体系在具体场合和具体情景中的实际运用。综上所述,言语社区理论"设施"可定义为:将物态性的语言系统、语言典籍、语言规范等构成的语言知识体系内化为一种理解和运用语言的能力。

语言能力内涵丰富,要建立测量指标体系,首先要分清它的维度。从目前一些语言能力量表内容来看,有的重在"语言要素知识(如语音知识、词汇知识、语法知识等)和语言技能(听、说、读、写、译等)"(高思畅、王建勤,2018),有的重在"实际水平"和"交际能力"。"Carroll 和 Cooer 是从辨音能力、口语能力、阅读能力、写作能力等四个维度对语言能力进行测量的"(杨旸、赵守辉,2016)。本文根据我国对语言能力维度划分习惯和语言测量的特点,把语言能力分为听、说、读、写四个维度,一个维度为一个变项。

(2)"语言能力"测量指标体系的建构

① 听。完全能听懂、大部分能听懂、小部分能听懂、完全听不懂四个变式,设置四个指标。

② 说。流利、会说但不流利、表达有困难、完全不会说四个变式,设置四个指标。

③ 读。完全能读、大部分能读、小部分能读、完全不能读四个变式,设置四个指标。

④ 写。会写书信、会填表格、只会写自己的姓名、完全不会写四个变式,设置四个指标。

由于言语社区大多是多语的,社区成员大多掌握几种语言(或变体)。所以语言能力的"听"、"说"、"读"、"写"的测量要结合母语、二语、三语的听、说、读、写能力进行。

（五）"认同"要素的解构及测量指标体系的建构

（1）"认同"要素的解构

"认同"要素是言语社区不可缺少的"心理变项"。认同在汉语里可指"跟自己有共同之处而感到亲切"，也可以指"承认、认可"。在西方，认同是一个内涵十分丰富的词语，在哲学、心理学、社会学等学科的研究中有着不同的含义，因此在英译汉时，认同的对应的英文"identify"就有"同一性"、"认同"、"身份"的意义。"哲学意义的认同是对差异性基础上的同一性的确认"，"心理学意义上的认同是自我对自身同一性、与他人同一性的主观肯定态度"，"社会学意义上的认同是对个体对身份的共识"（白苏婷、秦龙、杨兰，2014）。在三个中文译词中，同一性是基础，正因为有哲学的"同"，才有心理学的"认同"和社会学的"共识"。社会语言学将认同和语言联系起来，构成"语言认同"，形成了社会语言学中许多著名的理论和研究内容。哲学层面上的"同一性"形成了语言变异理论"语言是既有很强的同一性，又是存在多种变异形式的有序系统"（田贵森、孙健民，2009）的核心观点和言语社区理论的"语言内部差异性和同一性的对立统一"研究内容（徐大明，2010）。心理学层面的"认同"成为言语社区成员对语言变异共有的评价机制和语言态度一致性的定量标准（徐大明，2004）。社会学层面的"身份"便形成了语言互动理论中语言行为与身份建构关系的理论。

在言语社区理论中，心理层面上的"语言认同"与"语言态度"是重合的。王玲（2009）认为"认同不但反映了人们对自我的认同的改变，而且也体现了社会对某一个群体或群体的态度的变化。通过对语言态度的研究可以发现社区成员的语言认同情况"。徐大明（2004）也在分析新加坡华人社区是否是一个言语社区时，把语言态度等同于语言认同。通过上述的"概念化"，本文认为，认同是个体在与他人、群体的语言交际活动中，在认知、情感、功能等方面所表现出来的语言态度。语言态度的维度分为认知、情感、功能，一个维度为一个变项。

（2）"语言态度"测量指标体系的建构

① 认知。指人们认识某一语言的过程及结果。认知有难易度、方便度两个变式，设置两个指标。

② 情感。指人们对某种语言喜欢或厌恶、尊重或轻视的态度。情感有友善度、亲切度、好听度三个变式，设置三个指标。

③ 功能。指某种语言在交际活动中所发挥的作用和效能。功能有实用度、身份度、权威度三个变式，设置三个指标。

（六）言语社区"五要素"、测量指标体系的内在联系

（1）言语社区"五要素"的内在联系

言语社区"五要素"体现语言与社会、语言与地理、语言与心理的关系及语言内部自身的关系。五要素是一个整体，人口是言语社区的主体，"人"的各种身份制约着"人"的言语行为。而"人"又生活在特定的地域之中，受制于地域。地域的开放与封闭程度会影响到语言接触的广度和深度，地域的地理、经济、文化都会影响到语言借用、语言融合的过程。"人口"和"地域"构成一个富有特定意义的社会，也就是构成了一个个言语社区的基础，互动、设施、认同则是在这个基础上进行的。互动的过程就是语言运用的过程，也就是几种语言（语言变体）不断交替运用的过程，双语互动、多语互动更是如此。但要在语言运用过程不断地转换语码，需要具备一定的语言能力，熟练掌握一种或几种语言，这就是五要素中的设施。这就是说，语言运用是受到语言能力的制约。而语言能力的强弱又受到语言态度的影响，因为语

言态度影响语言习得的效果。

（2）测量指标体系的内在联系

言语社区理论"将言语社区确定为一个社会语言学指标体系"、"一个有形可见并且可以度量和界定的实体"（徐大明，2006），这就为言语社区测量指标体系的建构提供理论依据和内容。经过社会学的"操作化"以后，言语社区5个要素即是5个"概念"，构成了5个一级指标，22个变项构成了22个二级指标，73个变式构成了73个三级指标，从而形成了有内在联系、完整的言语社区测量指标体系。具体见表1。

表1 言语社区测量指标体系

指标等级 / 社会学模式 / 语言变异模式 / 要素转换	一级指标	二级指标	三级指标
	概念	变量	指标
	要素	变项	变式
人口	语言身份	性别身份	男　女
		年龄身份	少年　青年　中年　老年
		职业身份	公务员　专业技术人员　工商人员　工人　农民　学生　其他
		学历身份	小学　初中　高中　大学　研究生
		经济身份	高收入者　中等收入者　低收入者
		民族身份	多数民族　少数民族
		母语身份	汉语　少数民族语　外国语
地域	语言环境	自然环境	开放　封闭
		地域经济	发达　欠发达
		地域文化	单一　多元
互动	语言运用	家庭领域	长辈　同辈　晚辈　配偶
		朋友领域	本族语朋友　非本族语朋友
		生活领域	邻居　集市　超市　医院　政府部门
		学校领域	小学时　初中时　高中时　大学时
		工作领域	与同事交谈时　单位会场时
设施	语言能力	听	完全听得懂　大部分能听懂　小部分能听懂　完全听不懂
		说	流利　会说但不流利　表达有困难　完全不会说
		读	完全能读　大部分能读　小部分能读　完全不能读
		写	会写书信　会填表格　只会写自己姓名　完全不会写
认同	语言态度	认知	难易度　方便度
		情感	友善度　亲切度　好听度
		功能	实用度　身份度　权威度

三 言语社区理论的贡献及测量指标体系的价值

(一)言语社区理论的贡献

整合结构语言学、传统方言学的研究成果,使言语社区理论更具有语言学的普遍性。索绪尔(1916)认为,语言是一种表达观念的符号系统,有语言和言语之分,语言是社会的,言语是个人的,语言是同质,言语是异质的。言语社区理论将这观点和文里奇变异理论结合在一起,把语言系统视为一个"有序异质体",以"进行中的语言变化"作为对象,研究语言内部的差异性与同一性的对立统一关系以及造成差异的原因。此外,言语社区理论也吸收了传统方言学的理论,注意到"语言的空间差异",并将此作为言语社区五要素之一,使言语社区理论不仅注意到"社会变体"、"言语变体"的研究,同时注意到"地域变体"研究。所以有学者认为,言语社区理论"是建立在结构主义语言学、传统的方言学以至较新的形式化的音系和句法学的研究成果基础之上的进一步研究"(徐大明,2004)。如此整合,丰富了言语社区的内涵,使言语社区成为语言学的首要研究对象、语言测量的基本单位,使言语社区理论及其由此衍生的测量指标体系广泛应用于语言学的各个研究领域成为可能。

厘清了"同一性"的含义,拓展了言语社区的外延,扩大了言语社区理论应用范围。"定义期",拉波夫把"一致性"绝对化,他在对纽约市的研究中发现,虽然在实际的语言行动中,有人发出元音后的[r],有的不发,但几乎所有的人都一致认为元音后的[r]是有威信的,于是他把纽约市界定为一个言语社区。但 Kerswill(1993)在挪威卑尔根市的调查表明,拉波夫的"一致性"的标准"并不能全面应用"。Bucholtz(1999)也认为,

"在复杂的社会里,规范的一致性是很难得到遵守的"。而且"现实生活语境下,一致性是相对的,变化才是绝对"。因此有学者认为言语社区理论在研究语言异质化倾向越来越明显的大城市语言状况时,"缺乏解释力"(雷红波,2008)。其实,许多社会语言学家早就意识到这一点,如徐大明(2008)通过对北方话鼻韵尾变异的定量分析后,认为"言语社区不存在绝对的一致性,一致性都是相对的",并提出言语社区又一模式:多层嵌套言语社区。同一性的含义明确了,言语社区模式宽泛了,所要发现的言语社区的数量和种类也就没有限制了,言语社区不再是单层结构,也存在巢居型、交叠型这样多元重叠的言语社区(徐大明,2006)。这样就拓展了言语社区的外延,丰富了言语社区的种类,使言语社区理论不仅"适合传统的社会语言学研究"(雷红波,2008),也适合在全球化、城市化、移民潮的社会背景下的现代社会语言现象的研究。

采用以概率论原理为基础的定量研究,创新了语言学的研究方法。言语社区理论把言语社区作为一个语言测量的基本单位,并从社会因素、地理因素、心理因素和语言本身的因素等方面进行限定,使言语社区的测量必须严格地从"人口"、"地域"、"互动"、"设施"、"认同"方面进行,这样在对语言现象进行观察时,不是只针对性地任意夹取一些语言形式,而是针对全部有关的语言事实(徐大明,2006)。不仅如此,言语社区理论还应用语言变异理论的原理,将"人口"、"地域"、"互动"、"设施"、"认同"细化为若干组的变项及若干个变式,通过量化方式揭示语言变项与社会变项、地理变项、心理变项之间的关系,并运用概念操作化的方式将这种关系转换成测量指标体系,然后进行计量统计分析,通过定量分析,探究语言与社会、地理、心理的关系。采用这种方法,既可以观

察和描写语言使用中的差异，又可以有效地归纳和发现语言规律。这种研究方法和传统语言学有较大的不同，而更接近社会学和自然科学的研究方法。

（二）测量指标体系的价值

测量指标体系是制定测量方案的依据。测量方案的基本工作程序是：调查对象的确定→样本大小的确定→问卷的设计→语料的采集→统计分析。言语社区测量是为了一定的研究目的而进入特定的社区收集语言材料的，首先要确定语言变项及目标社区，其次要确定自变量的数量，再其次就是考虑各组语言变项、变式之间的逻辑联系，并将它们制作成问卷。而这一切的依据就是言语社区测量指标体系。

测量指标体系是问卷资料统计分析的基础。言语社区测量体系对指标中的"要素"、"变项"、"变式"作了充分的阐述和分析，为问卷资料的统计、分析打下坚实的理论基础。

目前，在全球化、城镇化、信息化的合流下，我国的语言生活正在变化，关注某一地区、某种语言（方言）的语言生态及其语言诉求成为当前学界面临的课题，因而语言生活的研究再一次成为热点。然而"语言生活"应该包含哪些内容？如何进行测量？之前所进行的"语言使用"、"语言能力"、"语言态度"单项性的测量能否全面反映当代复杂多样的语言生活？这些问题都说明语言生活研究需要新的理论和方法。言语社区理论和言语社区测量指标体系具有这种新理论、新方法的特质，将之应用于当前的语言生活研究，也许会给语言生活研究多提供一种路径。

参考文献

Sociolinguistics（3）.

Kerswill, P. 1993. Rural dialect speakers in an urban speech community: the role of dialect contact in defining a sociolinguistic concept. *International Journal of Applied Linguistics*, 3(1).

Patrick, P. L. 2002. The speech community. In, J. K. Chambers, P. Trudgill, and N. Schilling-Estes（eds.）. *The Handbook of Language Variation and Change*. Oxford, UK: Blackwell.

艾尔·巴比.1985.社会研究方法（第十一版）.邱泽奇译.北京：华夏出版社.

白苏婷、秦龙、杨兰.2014.认同概念的多学科释义与际际整合.学术界（11）.

布龙菲尔德.1980.语言论.袁家骅、赵世开、甘世福译.北京：商务印书馆.

陈松岑.1999.语言变异研究.广州：广东教育出版社.

陈颖.2016.言语社区理论模型与研究框架述评.国际汉语学报（2）.

陈原.1988.社会语言学专题四讲.北京：语文出版社.

丁崇明.2000.语言变异的部分原因及变异种类.北京师范大学学报（6）.

邓彦.2012.言语社区理论视角下的巴马壮语濒危研究（1）.南京大学博士学位论文.

邓彦.2015.论濒危言语社区的形成——以巴马言语社区为例.中国语言战略（1）.

邓彦.2017.贵州屯堡话与明代官话比较研究.南京：南京师范大学出版社.

费尔迪南·德·索绪尔.2017.普通语言学教程.高名凯译.北京：商务印书馆.

甘柏兹.1968/1985.语言共同体.载祝婉瑾编.社会语言学译文集.北京：北京大学出版社.

高思畅、王建勤.2018.动态评估——语言能力评估的新思路.华文教学与研究（2）.

谷小娟、李艺.2007.语言与身份构建：相关文献回顾.外语学刊（6）.

郭强、李梅.2004.调查测量手册.北京：中国时代经济出版社.

雷红波.2008.上海新移民的语言社会学调查.复旦大学博士学位论文.

李明洁.1997.称呼语的社会阶层分析规则.语文建设（10）.

刘丽静、李向农.2014.论新中国广西经济发展与语言发展的关系.学术论坛（12）.

罗纳德·沃德华.2009.社会语言学引论.雷红波译.上海：复旦大学出版社.

田贵森、孙健民.2009.语言变异研究的理论和方法.北京科

Bucholtz, M. 1999. You da man: Narrating the racial other in the production of white masculinity. *Journal of*

技大学学报(社会科学版)(3).

童明.2012.西方文论关键词解构(上篇).外国文学(5).

王玲、徐大明.2009.合肥科学岛言语社区调查.语言科学(1).

王玲.2009.言语社区内的语言认同和语言使用——以厦门、南京、阜阳三个"言语社区"为例.南京社会科学(2).

夏历.2007.农民工言语社区探索研究.语言文字应用(1).

徐大明.2002.约翰·甘柏兹的学术思想.语言教学与研究(4).

徐大明.2004.言语社区理论.中国社会语言学(1).

徐大明.2006.语言变异与变化.上海:上海教育出版社.

徐大明.2008.语言的变异性与言语社区的一致性——北方话鼻韵尾变异的定量分析.语言教学与研究(5).

徐大明.2010.社会语言学实验教程.北京:北京大学出版社.

徐晖明、周喆.2016.广州青少年语言使用与语言态度调查与分析.语言文字应用(3).

阎喜.2016.言语社区的多语本质——以澳门为例.外国语言文学(1).

杨旸、赵守辉.2016.语言能力评估的社会维度.语言战略研究(5).

祝畹瑾.1985.社会语言学译文集.北京:北京大学出版社.

作者简介

邓彦,博士,嘉兴学院文法学院讲师,主要研究方向为社会语言学、对外汉语教学。电子邮箱:dengyan19820717@163.com。

Construction of the Defining Indexes and Measurement System of Speech Community

Deng Yan

Jiaxing University

Abstract：As an important theory in sociolinguistics，The Theory of Speech Community (TSC) is based on the integration of linguistic variation theory，interactive linguistics，traditional dialectology and even structuralist linguistics，and it combines important views on speech communities of linguists at home and abroad. TSC proposes that speech community can be defined by a sociolinguistic index system composed of "population, region, interaction, facilities and identity;" it is a natural unit where a language exists and is the prime target for linguistics investigation. The proposal of TSC offers new paradigm in sociolinguistics research. However，TSC has not yet been fully developed，and the survey of speech communities lacks a set of scientific quantitative indicators. In this article，I deconstructed the index system of a speech community and transformed the four elements of TSC "population, region, interaction, facilities and identity" into the concepts of "language identity, language environment, language application, language competence and language attitude" by conceptualization. This articles intends to not only enrich TSC，but also to "construct" the index system when surveying speech communities.

Key words：the theory of speech community; deconstruction; defining indexes; construction

中东欧国家语言动态与我国相关语种教育规划[*]

董希骁

提　要：随着"中国—中东欧国家(16＋1)合作"机制的确立和"一带一路"倡议的提出,中东欧非通用语种人才培养在我国受到了前所未有的重视。只有密切关注对象国的语言动态,方能科学制定人才培养规划,确保相关专业可持续发展。本文以 2017、2018 年中东欧各国的语言动态为研究对象,以语言名称为切入点,分析中东欧国家语言政策的走向,进而揭示其对我国相关语种教育规划的影响。

关键词：中东欧；语言动态；语言民族主义；外语教育规划

引言

中东欧包括阿尔巴尼亚、爱沙尼亚、北马其顿、保加利亚、波黑、波兰、黑山、捷克、克罗地亚、拉脱维亚、立陶宛、罗马尼亚、塞尔维亚、斯洛伐克、斯洛文尼亚、匈牙利等 16 个国家。2012 年,"中国—中东欧国家(16＋1)合作"机制正式确立,次年提出的"一带一路"倡议亦将上述 16 国囊括在内。在此背景下,我国高校开设相关语种专业的热情高涨。教育部公布的数据显示,2012 年至 2017 年间,相关语种本科专业的布点数量呈井喷之势(见图 1)(董希骁,2018)。

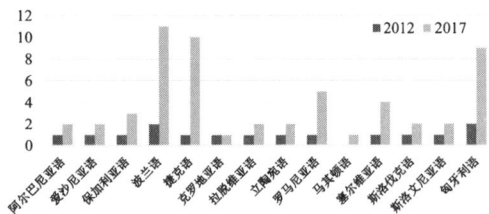

图 1　我国中东欧语种本科专业发展情况(2012—2017)

中东欧地区的地缘格局和语言生态极其复杂,在制定相关语种教育规划时,不仅要深入了解该地区的历史文化,还应长期跟踪各国语言动态,对一些关键时间节点更需重点关注。2018 年和即将到来的 2019 年,对于中东欧国家而言具有以下特殊意义:(1) 建国 100 周年:1918 年,多个中东欧国家宣布独立或统一,民族意识高度觉醒,语言成为民族身份最重要的标志。(2) 转轨 30 周年:1989 年发生的东欧剧变颠覆了中东欧各国的政治体制,导致民族联邦制国家纷纷解体,语言民族主义再次抬头,其影响一直持续至今。(3) 建交 70 周年:1949 年,除南斯拉夫之外的所有中东欧国家(拉脱维亚、爱沙尼亚和立陶宛彼时尚在苏联治下)与中华人民共和国建立了外交关系,我国对相关语种人才的培养也从 20 世纪 50 年代初开始起步。在"一带一路"背景下,为了更好地打造人类命运共同体,应基于我国对外交往的实际需要,结合对象国近年来的语言动态,对相关语种教育规划进行更深入的思考。

＊ 本文系教育部人文社会科学研究青年项目"中东欧国家语言政策对我国非通用语人才规划的影响"(项目编号:16YJC740014)、国家语委委托项目"一带一路背景下非通用语人才培养战略研究"(项目编号:WT125—84),以及"国别和区域研究专项资金"资助项目的阶段性成果。

一 2017 和 2018 年中东欧国家语言动态要点

2017 年和 2018 年,中东欧国家的语言动态依然呈现出较强的民族主义色彩。该地区的民族问题由来已久,历史上曾多次激化,引发地区冲突乃至全球战争。语言民族主义(linguistic nationalism)即"以语言为工具的民族主义政治理念"(陈平,2008),可分为"分裂型"和"整合型"两类:前者指在统一的多民族国家内,某些族群以语言为由谋求分裂或自治;后者则以统一民族语言为手段,旨在实现民族解放或建立超民族共同体(Ford,2001)。分裂型语言民族主义曾是导致东欧剧变的关键因素,并长期主导着众多中东欧国家的语言政策。新独立的国家为强化国族认同,均倾向于用与本国主体民族名称一致的形式命名其官方语言(国语)。从语言本体特征看,某些"新生"的语言只能被认作其他语言的方言或下位变体,其命名方式极易引发争议。最典型的案例涉及以下四种语言。

(一)黑山语:"正名"的前因与余波

黑山官方语言名称的变迁经历了以下阶段:(1)在南斯拉夫社会主义联邦共和国(南联邦)时期,黑山作为其加盟共和国先后颁布的两部《宪法》(1947、1963)均将塞尔维亚—克罗地亚语确定为官方语言,黑山语被看作塞尔维亚文学语言的次级变体;(2)在南斯拉夫联盟共和国(南联盟,1992—2003 年),以及塞尔维亚和黑山(2003—2006 年)时期,《黑山共和国宪法》将本国官方语言称为"塞尔维亚语'伊耶'化方言"(Lakić,2013);(3)2006 年黑山宣布独立,并在次年颁布的《宪法》中将官方语言命名为黑山语。

然而,无论是黑山国内还是国际社会都对"黑山语"这一名称缺乏足够的认同:(1)在黑山民间,仅有 37% 的民众认为自己说的是黑山语,更多人认为自己的语言是塞尔维亚语或克罗地亚语。(2)在黑山学界,"黑山大学语言学派"和"采蒂涅大学语言学派"的立场迥异。前者主张对斯拉夫语言文化的共同基础持包容态度,确保本国语言的功能统一性;后者则从政治需要出发,试图人为扩大语言差异(董希骁等,2018)。(3)黑山语的本体建设差强人意,图书资源稀少,市面上的绝大多数出版物来自塞尔维亚。(4)塞尔维亚学界和占黑山总人口 31.99% 的塞族人均对黑山语持否定态度。

2017 年 12 月 11 日,黑山国家图书馆经过 9 年的不懈努力,终于为黑山语赢得了国际标准化组织(ISO)授予的 639 - 2 代码。这不仅意味着这门语言今后在文献归档和数据检索时将被单独标识,还标志着其独立语言身份和国家官方语言地位得到了国际权威组织的认可。自此,中东欧 16 国的官方语言均在 ISO 体系中拥有了对应的代码(见表1),对于该地区语言格局的构建具有里程碑式的意义。

表 1 中东欧各国官方语言 ISO 639 代码①

语言名称(汉语/英语/法语)	官方语言地位	ISO 639 - 1	ISO 639 - 2
阿尔巴尼亚语/Albanian/albanais	阿尔巴尼亚	sq	alb (B)/sqi (T)
爱沙尼亚语/Estonian/estonien	爱沙尼亚	et	est
保加利亚语/Bulgarian/bulgare	保加利亚	bg	bul

① 数据来源:https://www.loc.gov/standards/iso639-2/langhome.html(2017 年 12 月 21 日更新)。语言名称前的 * 号表示尚存争议;官方语言地位不包括地区性官方语言;ISO 639-1 为 2 字母代码,ISO 639-2 为 3 字母代码;括注(B)表示文献代码,(T)表示术语代码。捷克未以立法的形式宣布本国官方语言,捷克语的官方语言地位只以隐性形式存在。

语言名称(汉语/英语/法语)	官方语言地位	ISO 639-1	ISO 639-2
波兰语/Polish/polonaise	波兰	pl	pol
* 波斯尼亚语/Bosnian/bosniaque	波黑	bs	bos
* 黑山语/Montenegrin/monténégrin	黑山		cnr
捷克语/Czech/tchèque	捷克	cs	cze (B)/ces (T)
克罗地亚语/Croatian/croate	克罗地亚/波黑	hr	hrv
拉脱维亚语/Latvian/letton	拉脱维亚	lv	lav
立陶宛语/Lithuanian/lituanien	立陶宛	lt	lit
罗马尼亚语/Romanian /roumain * 摩尔多瓦语/Moldavian；Moldovan/moldave	罗马尼亚/摩尔多瓦 摩尔多瓦	ro	rum (B)/ron (T)
* 马其顿语/Macedonian/macédonien	马其顿	mk	mac (B)/mkd (T)
塞尔维亚语/Serbian/serbe	塞尔维亚/波黑	sr	srp
斯洛伐克语/Slovak/slovaque	斯洛伐克	sk	slo (B)/slk (T)
斯洛文尼亚语/Slovenian/slovène	斯洛文尼亚	sl	slv
匈牙利语/Hungarian/hongrois	匈牙利	hu	hun

获得 ISO 代码是黑山语言地位规划的巨大成就,也是该国与以往历史划清界限,从而实现其政治和外交的首要目标——"回归欧洲"的关键步骤。为此,黑山语言学院院长契尔吉奇(Adnan Čirgić)提议将 12 月 11 日定为"全国黑山语言日"。但语言名称之争并未因此平息,利益相关国家在此问题上的矛盾甚至有激化的可能。反对的声音主要来自塞尔维亚。消息公布仅 3 天后,来自塞尔维亚科学院、塞尔维亚语标准化委员会等机构的代表联名致函美国国会图书馆(ISO 639-2 代码的注册机构),谴责此举将政治因素置于科学标准之上。除了因"大塞尔维亚主义"心理因素造成的排斥外,一门"新语言"的确立还可能使塞、黑两国境内的语言权力之争变得更为复杂:(1) 2017 年 8 月,塞尔维亚的黑山人党曾向塞尔维亚总理布尔纳比奇(Ана Брнабић)请愿,要求在该国北部的弗尔巴斯镇(Врбас)给予黑山语官方语言地位。黑山语"正名"后,此类语言权利主张必将更为频繁。(2) 尽管《黑山共

和国宪法》(2007)规定西里尔字母和拉丁字母享有平等地位,但黑山语获得 ISO 代码后,西里尔字母被迅速边缘化,不再被学校作为必修内容。此举对黑山境内塞族人的语言权利构成了威胁,因为他们将西里尔字母看作维护其语言和文化认同的最重要因素之一。塞尔维亚第一副总理兼外长达契奇(Ивица Дачић)2018 年 1 月访问黑山时强调,黑山的塞族人应致力于保护语言和文化认同。同年 6 月,黑山议会中的亲塞族政党——真正黑山党向教育部递交公开信,要求消除公共教育体系内对西里尔字母的歧视。

(二)波斯尼亚语:国族认同抑或族群认同

与黑山相比,波黑的民族构成和政治生态更为复杂。该国现有波什尼亚克族(穆斯林,约占 50.11%)、克罗地亚族(约占 15.43%)和塞尔维亚族(约占 30.78%)三大主体民族,以及波黑联邦(亦称穆克联邦)和塞尔维亚族共和国两大政治实体。1992 年,该国按照一个主体民族对应一种官方语言的原则设立了三种官方

语言。克、塞两族的母语名称并无争议,但对于波什尼亚克族的母语是否能被称为"波斯尼亚语",却出现了巨大分歧。

尽管"波斯尼亚语"这一名称在很多国际场合和正式文件(包括我国外交部官网和波黑驻华大使馆官网)中被使用,但遭到波黑塞族共和国的坚决抵制。塞族语言学家认为该名称与国名"波斯尼亚和黑塞哥维那"雷同,会给人"唯一正统官方语言"的错觉,应将这一带有国族认同色彩的名称改为"波什尼亚克语",仅体现族群认同。国族认同指一个人确认自己属于哪一个国家/国族,以及这个国家/国族究竟是怎样一个国家/国族的心理活动;族群认同则指社会成员对自己所属族群/民族归属的认知和感情依附(戴曼纯等,2011)。

不同政治实体和族群在语言名称问题上的对立反映出波黑政治结构与族际关系的不稳定性,导致政府行政效率低下,直接影响到国家的发展前景。2016年2月,波黑正式申请加入欧盟,并于同年12月9日收到欧盟发放的调查问卷。因塞族共和国方面坚持将问卷上"已译为波斯尼亚语"的表述改为"已译为波什尼亚克人的语言",直至2018年2月底才正式提交该问卷。语言名称引发的矛盾同样存在于塞族共和国内部:2018年2月,塞族共和国议会否决了波什尼亚克族议员的提案,再次拒绝承认"波斯尼亚语"这一名称。随后,塞族共和国教育部决定从新学年开始,中小学的语文、历史、地理、自然四门课程统一使用与塞尔维亚一致的教材和教学大纲。当地的波什尼亚克族学生认为这是对其语言权利的严重侵犯,表达了强烈不满。

(三)马其顿语:双重质疑下的妥协

马其顿共和国自1991年独立以来,一直遭受着双重质疑:一方面,希腊认为"马其顿"这一国名暗含对希腊北部马其顿省的领土主张,因此不予认可;另一方面,保加利亚认为所谓"马其顿语"只是保加利亚语的一种方言,否

认其独立语言地位。1999年,保加利亚政府在欧盟的压力之下同意放弃语言争端,但在与马其顿签署的联合声明中强调"声明以两国各自的官方语言呈现,它们分别是根据保加利亚共和国宪法规定的保加利亚语和根据马其顿共和国宪法规定的马其顿语"。这表明保加利亚仅仅承认马其顿共和国宪法声明的官方语言为马其顿语,而不意味着承认马其顿语的存在(徐刚,2018)。由于希腊、保加利亚两国均为北约、欧盟成员国,上述分歧给马其顿入约入盟的前景蒙上了阴影。

2018年6月17日,马其顿与希腊签署了《普雷帕斯协定》(6月20日经马其顿议会通过),马方同意变更国名为"北马其顿共和国",有望平息长达27年的国名纷争。与之相比,语言名称争议只是被暂时搁置,尚未达成共识。2017年8月,马、保两国总理签署了《马其顿与保加利亚友好、睦邻与合作条约》(2018年1月经两国议会批准),承认两国拥有的共同历史,并保留在某些问题上持不同看法的权利。保加利亚副总理兼外长扎哈里埃娃(Екатерина Захариева)在条约签署前重申,保方在语言名称上的立场不会改变,将沿用1999年共同声明中的提法,并指出对此问题的过度解读不利于马其顿的入盟进程和双边关系的发展。马其顿总理扎埃夫(Зоран Заев)则有意淡化语言名称分歧,强调马其顿赢得了与保加利亚的友好条约,且没有任何损失。他表示,双方说着一种彼此都能听懂的语言,只有团结一致才能携手并进。

(四)摩尔多瓦语:俄欧博弈背景下的摇摆

摩尔多瓦虽不在中东欧16国之列,但该国的绝大部分领土(史称"比萨拉比亚")历史上曾是罗马尼亚的一部分,两国的主体民族同宗同源。所谓"摩尔多瓦语"和罗马尼亚语无实质性差异,至今在ISO体系内共享一个代码(见表1)。在苏联时期,最高苏维埃试图培植一种微妙的、本土化的摩尔多

瓦民族身份,以保障苏联西部边界的安全(King,2005)。当局为瓦解民众对罗马尼亚的认同,向其灌输"摩尔多瓦语不是罗马尼亚语,摩尔多瓦人也不是罗马尼亚人"的思想,并强制使用西里尔字母书写摩尔多瓦语,凸显其与罗马尼亚语的差异,同时为推广俄语扫清障碍(董希骁,2017)。

摩尔多瓦独立后,先后出台了两部具有基本法性质的法律——《摩尔多瓦独立宣言》(1991)和《摩尔多瓦共和国宪法》(1994),但两者对国语的命名出现了严重分歧:前者称之为"罗马尼亚语",后者则将其称为"摩尔多瓦语"。由于摩尔多瓦地处俄欧博弈的前沿,俄罗斯和作为欧盟成员国的罗马尼亚不断向其施压,对国语的称呼也成为摩尔多瓦国内判断个人或政党立场的标准:称其"摩尔多瓦语"者为亲俄派,称其"罗马尼亚语"者则为亲欧派。

2013年12月,摩宪法法院做出终审裁决:"基于拉丁字母书写的摩尔多瓦语在语义上等同于罗马尼亚语……《独立宣言》中相关条款的法律效力高于《宪法》。"随后,摩尔多瓦总统府、议会和政府机构的主页上,统一将语言名称缩写从MD(摩语)改为RO(罗语)。罗马尼亚民间和政界甚至希望以共同的语言、文化为纽带,在罗马尼亚大统一100周年(2018年)之际再次与摩尔多瓦实现统一。2016年12月,摩尔多瓦社会主义者党主席多东(Igor Dodon)就任总统,亲俄派再次占据上风,罗马尼亚、摩尔多瓦统一的愿望也随之破灭。在他就任的当天,摩尔多瓦总统府官网上的语言缩写就从RO改回了MD。多东本人多次明确表示"摩尔多瓦共和国的官方语言是摩尔多瓦语",并谴责罗方在语言名称问题上干涉摩尔多瓦内政。2017年10月,他否决了宪法法院通过的提案,拒绝将《宪法》中的国语名称改为罗马尼亚语,并谴责亲欧政党和法官企图借

此磨灭摩尔多瓦民族身份。摩尔多瓦总理菲利普(Pavel Filip)的态度相对温和,他在2018年5月接受媒体采访时表示,摩尔多瓦是一个独立于罗马尼亚的主权国家,当前应更多关注国家的实质性发展,涉及统一、身份、语言的问题需留待更好的时机去解决。但他并不反对摩尔多瓦的入欧进程,并希望和罗马尼亚"在欧盟内聚首"。

二 对中东欧地区语言发展态势的预测

依上文所述,笔者认为中东欧地区的语言发展态势未来可能呈现出以下两大特点。

首先,语言本体差异日益加大,"巴别塔"的故事可能重演。一国的官方语言地位得以确立并得到国际社会的认可之后,其作为独立语言的发展方向基本上是不可逆的。为拉开与同属一个言语共同体内的其他族群的距离,同时加强国族认同,该国的语言规划者会人为地制造语言差异,甚至不惜将本可与对方交流无碍的语言改得面目全非(戴曼纯等,2011)。例如,黑山语和波斯尼亚语为了区别"他者"、标榜"自我",在正字法、词汇、语法结构等方面进行了调整,具体做法包括改变书写系统或创造新字母(黑山语用字母ś和ź代替塞语中的 sj 和 zj)、在语音和词汇上大量吸收当地方言元素、对同义词进行倾向性选择(将"好"的词汇和自己的国家联系起来,却将"坏"的词汇归咎于别国),等等。此类追求语言的"独立性"和"纯洁性"的做法可能导致民族情绪进一步对立。

其次,语言权利之争将更为激烈。语言作为民族身份的重要象征,一直是族际关系中的敏感元素,民族权利之争时常体现为对语言权利,特别是对语言教育权利的争夺。语言名称分化后,其"排他性"将成为争夺语言权利的最有力依据,矛盾的焦点势必发生

从"名"到"实"的转变。中东欧各国的版图曾多次变更,民族与国家的边界并不完全重合,"族群认同＝国族认同"只是理想化的状态。各国在命名官方语言时遵循主体民族优先的原则,必然引发少数民族的不满,促使其进一步主张本族语言权利。由于跨界民族普遍存在,一国境内的少数民族背后往往有母国的支持,国内民族矛盾极易演化为国际争端。因此,能否遵循欧盟倡导的多语制原则,在保持语言多样性的同时消除民族隔阂,关系到相关国家乃至整个中东欧地区的前途和命运。

(一)我国相关语种教育规划面临的问题和建议

目前,中东欧各国官方语言的架构已初步完成,但仍存变数。我国在制定相关语种教育规划时难免遭遇以下两方面的问题,需慎之又慎。

首先是专业名称问题。语言名称具有重要的象征意义,相关国家对此极为敏感,稍有不慎就可能引发国际纠纷。例如2018年6月,来自罗马尼亚的欧洲议员因欧委会官网上出现"摩尔多瓦语"的选项而提出抗议,欧委会主席容克(Jean-Claude Juncker)不得不为此事道歉。我国的外语专业多以语种命名,各语种外语专业作为二级学科,归属于外国语言文学一级学科之下(李欣然等,2014),在面对敏感的语言名称问题时缺少回旋余地。例如,克罗地亚、马其顿、黑山等国在确定本国官方语言后,均曾通过驻华使馆或外交人员,以正式或非正式的渠道向我国高校提出增设相关语种的请求。出于对对象国的尊重,显然不能对此类要求置之不理,但真正开设某些专业,又可能导致其他利益相关国家的不满。教育规划问题国际化不仅有损相关高校的办学自主权,还可能对我国的教育主权造成影响。

其次是资源配置问题。按照我国外语

教育界普遍认可的定义,中东欧国家语言均属于非通用语种(专指除英语、俄语、德语、法语、西班牙语、日语、阿拉伯语之外的所有外语语种,见戴炜栋等,2009)的范畴,人才培养长期走精英化路线,具有培养规模小、质量要求高的特点,教学资源极为有限。开设新的专业,往往需对原有的相近语种专业进行拆分,使师资调配捉襟见肘,同时导致了学生就业时的同质化竞争。

(二)相关对策

针对上述问题,建议从以下方面入手加以解决。

首先,应考虑改革专业命名方式。李欣然等(2014)在考察了八所美国常春藤高校后发现,除法语、德语等传统语种仍延续语言文学专业教育的特色外,其他语种大多以跨学科为特色。以汉语等东亚语言为例,哈佛大学、耶鲁大学、宾夕法尼亚大学、普林斯顿大学、布朗大学的专业名称都为 East Asian Studies,康奈尔大学为 Chinese and Asia-Pacific Studies,哥伦比亚大学为 East Asian Languages and Cultures。只有达特茅斯学院采用了单独以语种命名的专业名称 Chinese,但该校提供另一个跨学科专业 Asian and Middle Eastern Studies,下设 East Asia 方向。采用此类模式,不仅能够打破学科壁垒,还可有效避免语言名称带来的困扰。例如开设"西巴尔干研究"专业,便可将塞尔维亚语、克罗地亚语、波斯尼亚语、黑山语等相近语种的教学内容涵盖在内。

其次,应提升教师队伍的综合能力,特别是国别区域研究能力。在"一带一路"和"16＋1合作"背景下,高校智库建设受到高度重视,相关语种教师不仅应精通对象国的语言和文化,还应将视野拓宽至对象国所在的次区域、整个中东欧地区,乃至全欧洲。只有教师率先具备了"复合、复语"能力,方能在相近语种间自由调配师资力量,使人力资源最大化，培养出优质的"复合型、复语型"人才。

再次，在人才培养和使用过程中应增强灵活性，对敏感问题进行模糊化处理，以完成工作为第一要务，不在语言名称上过多纠缠。国际上有一些成熟的做法可供借鉴，例如：联合国和欧盟在招聘译员时，通常将波斯尼亚语（Bosnian）、克罗地亚语（Croatian）、塞尔维亚语（Serbian）统称为BCS。在欧盟组织的国际会议上，不乏在同传机上分别设置上述三个语言的频道，但都指向一个同传间的实例。

此外，还需巧妙利用外部资源。培养相关语种人才不仅是我国的需要，也是对象国的责任和义务。我国高校设置专业时不必求全责备，有时可以借助多元化的国际合作渠道完成人才培养目标。以北京外国语大学为例，大多数中东欧语种专业的本科生在学期间都有机会受国家留学基金资助，出国学习一年。只需派遣学生赴相近语种对象国留学，就能较快掌握一些我国尚未开设的语种。

三 结语

当前，我国外语政策的价值导向还不甚清晰，外语的需求和人才分布不均，使得我国很难用统一的标准做出一以贯之的语种规划，开展多层面的语种规划十分迫切（赵蓉晖，2014）。针对上文提到的情况，制定中东欧语种教育规划时应坚持"以我为主"，从我国的实际需要出发，兼顾对象国的诉求，慎重对待相关国家语言政策中的民族主义因素，谨防国内语言教育规划受国外语言政策的主导。

参考文献

Ford, C. 2001. *The（re-）birth of Bosnian：comparative perspectives on language planning in Bosnia-Herzegovina*. Dissertation, University of North Carolina at Chapel Hill.

King, Ch. 2005.*Moldovenii，România，Rusia și politica culturală*. Chișinău：Editura Arc.

Lakić, I. 2013. Jezička slika Crne Gore. *Jezik između lingvistike i politike*. Beograd：Bibioteka.

陈平. 2008.语言民族主义：欧洲与中国.外语教学与研究（1）.

戴曼纯、朱宁燕. 2011.语言民族主义的政治功能——以前南斯拉夫为例. 欧洲研究（2）.

戴炜栋、胡文仲.2009.中国外语教育发展研究.上海：上海外语教育出版社.

董希骁、彭裕超.2018.从黑山语得以"正名"说开去.世界语言战略资讯（5）.

董希骁.2017.俄欧博弈背景下的罗马尼亚和摩尔多瓦语言政策平行论.宁夏社会科学（1）.

董希骁. 2018.中东欧国家语言政策对我国非通用语人才规划的影响.西南民族大学学报（人文社会科学版）（10）.

李欣然、赵蓉晖.2014.美国常春藤高校外语类专业及课程设置比较研究.当代外语研究（9）.

徐刚. 2018.马其顿与保加利亚关系开启新征程.世界知识（5）.

赵蓉晖. 2014.中国外语规划与外语政策的基本问题. 云南师范大学学报（哲学社会科学版）（1）.

作者简介

董希骁，博士，北京外国语大学欧洲语言文化学院副教授，主要研究方向为应用语言学、欧洲国家语言政策等。电子邮箱：dongxixiao@bfsu.edu.cn。

The Language Dynamics in Central and Eastern European Countries and Relevant Language Education Planning in China

Dong Xixiao

Beijing Foreign Studies University

Abstract: Under the background of the "China-Central and Eastern European Countries (CEEC) (16+1) Cooperation" and the Belt and Road Initiative, the training of CEE language talents has received unprecedented attention in China. In this article, I researched the language dynamics of CEECs in 2017 and 2018 and focused on some controversial language names. I analyze the trend of language policy in this region and intend to reveal its influence on China's foreign language education planning.

Key words: Central and Eastern Europe; language dynamics; linguistic nationalism; foreign language education planning

从英语到乌尔都语：一场跨越四十二年的转变

高　莉　　王春辉

提　要：巴基斯坦于 2015 年将乌尔都语定为国家官方语言，以此全面取代英语的官方地位。这一转变有着深刻的社会历史背景，其原因则混杂了宗教、民族、国家等各个层面和角度的因素，但命令要真正落地，可能还需要很长时间。加强对巴基斯坦的语言状况和语言政策的研究在理论、实践层面都具有重要价值。

关键词：巴基斯坦；官方语言；乌尔都语；英语；国语

引言

巴基斯坦于 2015 年 9 月 8 日将乌尔都语定为国家官方语言，要求政府各机构的文件必须使用乌尔都语，以此全面取代英语的地位。最高法院认为，1973 年《宪法》第 251 条应该被执行，而且政府有责任来完成这一条款。法院明确了政府完成这一条款的九点指令：1）联邦和省政府应完全执行第 251 条的规定，不得拖延；2）政府给出的时间线必须与第 251 条完成的时间一致；3）在为国家语言的统一中，联邦政府和各省政府应该通力合作；4）联邦和各省的法律当在三个月内翻译为国语；5）执法、管理、监督团体应采取步骤执行第 251 条，不得拖延并保证协调的一致；6）在联邦层的竞选考试中，上述团体的推荐信应由政府实施，不得延误；7）关于公益诉讼的案件判决以及依据第 189 条对法律主条款的阐释判决必须翻译为乌尔都语，而且出版时要与《宪法》第 251 条一致；8）在法院案件中，政府部门应当竭尽所能用乌尔都语提交反馈，以使公民能有效行使他们的法律权利；9）判决之后，如果任何公共团体或公共人员继续违反宪法第 251 条命令，那么那些因为这种违反而直接和预期遭受有形损耗的公民有权在此解读

之下实行自身权利。

下面是《宪法》第 251 条的内容：

（1）巴基斯坦的国语是乌尔都语，自宪法生效之日起十五年内（即一九八八年四月十二日之前）为其作为官方和其他目的的语言做出安排。

（2）在符合第（1）条规定的情况下，英语可用作官方语言，直到被乌尔都语所取代。

（3）在不影响国语地位的情况下，在国语之外，省议会可以依据法律来规定一种省语言的教学、推广与使用的措施。

其实早在 2015 年 7 月，巴基斯坦官方就已经确认会放弃英语的官方语言地位而转向其母语乌尔都语。在最高法院签署命令的前两天，即 9 月 6 日，巴基斯坦教育和职业培训部与高等教育委员会共同做出指示：所有公立和私立大学都要使用乌尔都语作为官方语言，其法令、章程、网页页面也都要从英语翻译为乌尔都语。高等教育委员会曾就此事转发过一个内阁秘书处的通告。通告的附件是一个 10 点框架，包括：各部门在三个月之内用乌尔都语翻译和出版它们的政策；各部门被要求用乌尔都语和英语来出版各条例和规定、发布各类表格；总统和总理所有的讲演（国际和国内的）都要用乌

尔都语(Sheikh,2015)。

巴基斯坦最高法院表示："巴基斯坦国民不应该因为不懂英语错失经济和政治方面的机会。"此前，乌尔都语和英语的官方地位基本持平，但官方正式文件、法律条文以及其他形式的官方通信大都以英语为载体。国内一些专家将这种现象视为"语言隔离"，认为它强行将国家划分为"精英阶层"和"大众阶层"。乌尔都语虽然是巴基斯坦的通用语，在民间普及率很高，但它却被大多数国民理解为"第二语言"。巴基斯坦此前尝试过确立乌尔都语官方地位，但阻力不小。[①]而这一次巴基斯坦最高法院的一纸命令则将此事直接推向了实施。

这场跨越 42 年的转变给巴基斯坦在语言体制(language regime)带来的最大变化，就是由原来的"乌尔都语（国语，national languagc)—英语（官方语言，official language)"的二元模式变为"乌尔都语（国语＋官方语言)"的一元模式。

本文意在分析二元模式转变为一元模式的历史和原因，以及转变之后各方的反应。

一 英语转到乌尔都语的历史背景

(一)巴基斯坦的语言状况和基本语言政策

巴基斯坦是多语言多民族国家。国民中旁遮普族占 63%，普什图族占 16%，信德族占 13%，俾路支族占 4%，还有来自印度的穆斯林移民。建国以后，乌尔都语为国语，英语为官方语言，主要民族语言有旁遮普语、信德语、普什图语和俾路支语等。

巴基斯坦现行的语言政策可以归结为：以乌尔都语为核心(国语＋官方语言)，以英语为主要辅助语言，在特定区域或领域尊重并允许使用其他语言(崔晓飞,2010)。正如扎比赫(1988)所指出的："乌尔都语作为巴基斯坦运动的语言，早已成为巴基斯坦民族

统一的标志。"

关于乌尔都语，Mohiuddin(2007)提到，乌尔都语是起源于一种已经演化了几个世纪的通用语，这一语言是 12 世纪前后德里苏丹国(Delhi Sultanate)统治期间好几种语言接触、混杂的结果。到 17 世纪，这一共同语已经合并了许多波斯、阿拉伯、梵语、印地、土耳其等语言的词语，并且已经发展成为一种文学语言。直到殖民统治时期，才正式被叫作"Urdu"。乌尔都语之所以在 1947 年巴基斯坦独立后被选为国语和公共学校的教学语言，就是因为它那时已经与穆斯林民族主义密切相关了，而且与任何地方群体或族群都没有认同。

(二)乌尔都语和英语的竞争

在经历过长达 200 年的英国殖民统治之后的巴基斯坦，乌尔都语和英语的竞争体现在各个层级。此论题已有较多论述(比如刘成琼,2003;官忠明、王锐俊,2004;满在江等,2011;Khalique，2007，等)，此处仅举两例。

在教育语言领域，巴基斯坦各类学校(包括大学)按教学语言的不同大致分为三类，即英语学校、乌尔都语学校和宗教学校。三类学校在教材、教学法、教学设备和学生来源等方面都有区别。虽然巴基斯坦的国语是乌尔都语，但英语却是官方语言，懂英语是进入军界、政界和经济界高层的必要条件。因此，英语是事实上的权势语言，英语学校实为培养精英的贵族学校，其设施堪与西方国家媲美。英语学校又可分为两种：一

---

① 综合以下网站信息：http://world. huanqiu. com/exclusive/2015 - 09/7453131. html; http://world. people. com. cn/n/2015/0910/c1002 - 27564891. html; https://propakistani. pk/2015/09/08/urdu-to-be-made-official-lan-guage-of-pakistan-supreme-court/; http://www. pstimes. com/2015/09/09/sc-orders-implementation-of-urdu-as-of-ficial-language/.

种是公立的军官学校,往往拥有一流的设施和师资;另一种是私立的英语学校,采用西式教学,课本来自国外。乌尔都语学校是巴基斯坦学校的主体,属公立学校,需收缴学费和课本费,却无法得到国家足够的资金支持,因而设施简单,教学水平低下。最后一类是宗教学校,独立于政府,由宗教组织或私人管理,阿拉伯语、波斯语和乌尔都语是主要的教学语言,学生免费入学,有些甚至能得到一定的补助。

上述几类学校的学生平均每年的教育花费差别很大。据调查,宗教学校学生每年包括食宿在内的花费仅为5714卢比,乌尔都语学校的学生仅学费一项支出就达2264.5卢比,军官学校包括学费和其他方面的开支为90061卢比,英语私立学校仅学费就高达96000卢比。而且,学生的社会背景也各有不同。宗教学校的学生主要来自社会下层,乌尔都语学校的学生大部分来自中下阶层,军官学校的学生主要来自军官和专业人士等中产阶层,而英语私立学校的学生则大部分来自中上阶层和上层。其中,后两种学校的毕业生以英语为媒介,掌控着国家的政治和经济资源。可见,教育系统的等级化与社会阶层的分化一致,而宗教学校在一定程度上是穷人的学校(李福泉、黄民兴,2009)。

在媒体领域,乌尔都语和英语媒体有清晰的分界。金强、程诚(2015)提到,巴基斯坦国内商业报刊按照语言分类可分为英文报刊和乌尔都语报刊,乌尔都语报刊虽在数量上远超英语报刊,但是内容质量却稍显逊色。乌尔都语的商业报刊主要着眼于国内,对国外情况报道较少,英语商业报刊的报道内容则更关注国际动态,更有全球视角,受西方特别是英国报刊的影响较大。两种语言的商业报刊都拥有固定的读者群体,总体来说,英语报刊和乌尔都语报刊平分秋色。

乌尔都语媒体,特别是报纸的读者大多数是农村地区的大众。英语媒体则是城市和精英群体,比乌尔都语媒体更自由、更专业化。与乌尔都语相比,英语的印刷品、电视和广播频道的受众很少,却对舆论引导者、政治家、商业社团及社会上层更有影响力。除了乌尔都/英语、农村/城市的划分外,巴基斯坦媒体还有地方语言的划分,如旁遮普语、普什图语和信德语。平面媒体有11种印刷语言,乌尔都语和信德语是最大的群体。英语出版物并不多。英语和乌尔都语的区分也适用于平面媒体。乌尔都语报纸是农村地区的主要媒体。它们与民间传说有关,具有保守、宗教性和煽情性的特点,也是迄今为止读者最多、最有影响力的。英语媒体是城市和精英的,更自由、专业化。平面媒体有三大公司: The Jang Group of Newspapers/The Dawn Group of Newspapers/Nawa-i-Waqt,第一个和第三个是乌尔都语媒体。成立于1964年的巴基斯坦电视公司有巴基斯坦各种语言的频道。而哈隆集团(Haroon Group)拥有一个24小时英语新闻的频道 Dawn News。Geo TV 的乌尔都语频道是最受欢迎的频道之一。英语媒体记者的收入更高,那些能说、能写英语的记者更可能获得一份很好的收入。专业化、有质量的报告和分析主要集中在大电视台、报纸栏目、英语出版物、主要乌尔都语报纸上(IMS,2009)。

二 转变诱因及大众反应

(一)从英语转到乌尔都语的原因

Ostler(2010)在书的第三部分讨论为什么语言会失去通用语的功能时,指出有三种情形:毁坏(支撑通用语使用的经济网的崩溃)、驱除(新政府或者统治集团决定停止使用通用语,特别是出于官方目的)或放弃(最有可能使用通用语的社会精英的数量的下降及最终消失）。第一类的例子比如欧洲、亚洲和美洲的许多皮钦语在双方贸易停止之后就不再被使用了。第二类的例子比如苏联政府为了保证俄语在中亚的官方地位而对当地语言的驱离。第三类的例子是随着唐朝的衰败，索格代亚纳/粟特作为当时连接帝国与周边地区节点的功能也就消失了，这就直接导致了粟特语的衰退。如此看来，巴基斯坦的国语从英语转向乌尔都语应该可以归入第二种类型。

英语与乌尔都语的竞争，是好几个维度的结果：从一个维度来看，一方面是殖民传统使上层与精英阶层形成了英语使用的传统，而另一方面则是乌尔都语作为后殖民的民族标识；从另一个维度来看，一方面是英语成为上层阻断中下层上升的手段，另一方面则是乌尔都语的深厚中下层基础。在彼此的较量中，目前来看还是乌尔都语取得了阶段性的胜利。而这一胜利的基础则很可能要归结到巴基斯坦长久以来所形成的宗教—语言民族主义相互交织的各阶层基础（Ayres，2009）。具体说来，选择南亚穆斯林上层语言、已在穆斯林中相当普及的乌尔都语作为国语，既可以避免选择地方语言如旁遮普语等容易引发的种种族群矛盾，又鲜明地标志了巴基斯坦是伊斯兰教为主国家的特征（郑子宁，2015）。

（二）转变之后大众的反应

对于这一转变，有些人担心这不利于已经对西方文化开放的下一代的发展，是一种官方的退步。但政府人员则指出这有利于巴基斯坦更加民主，因为这"将为不懂英语的人参与到政府事务中提供便利，也会使政府更具包容性"（Agrawal，2015）。

支持者认为：（1）乌尔都语很美，极具表现力，是过去两三个世纪以来印度次大陆产生的最强劲文学的媒介。（2）许多巴基斯坦人说乌尔都语，特别是主要城市核心区。（3）从20世纪90年代开始，更迭的政府已经设立了许多机构，来研究、创制应用于五大领域（政府、行政机构、司法系统、军队、教育）的乌尔都语词术语。2005年，国语推广部的负责人Fateh Mohammad Malik报告说，如果需要，乌尔都语已经有足够的词汇将政府文件从英语转为乌尔都语。（4）巴基斯坦首席大法官Jawwad S. Khawaja的这段话更是道出了更深层次的考量："如果不维护宪法，违法行为就会上升。英语有征服的印记，这也给我们的后代带来了心理创伤。教育系统应该统一起来。"

反对者则列出了以下理由：（1）乌尔都语科技词汇贫乏，采用乌尔都语，摒弃英语将降低教育水平和科技水平。（2）乌尔都语以外的其他一些民族语也应当享有同等的"国语"地位。（3）乌尔都语"落后"，不利于国家的发展。正如Khan（2015）所说，当许多国家正在接受英语的时候，巴基斯坦却走向了相反的道路。对乌尔都语的过度强调会侵蚀当前的发展，将国家引向与世界其他地方180度的对立，其他地方正越来越多地将英语作为通用语。"这会打击学习英语的动力，长此以往，会引起我们与世界其他人在政治、经济等方面的分离。"（4）由于大多数巴基斯坦人都不是乌尔都语说话人，许多词语在乌尔都语的家乡印度北部地区的意思是A，但是在巴基斯坦的意思可能是完全不同的B，这给日常交际和工作带来很多不便。

命令虽然做出，但是它的真正落地可能需要很长的时间。正如郑子宁（2015）所说："只是虽然贵为国语，乌尔都语仍然有些命运多舛。殖民时代留下的重视英语的传统在建国近七十年后仍未能抹去，随着时光推移，英语的地位反而愈加重要。而就算作为穆斯林通用语言，乌尔都语的接受度也并没有想象的那么高——孟加拉国从巴基斯坦独立很大程度上正是因为穆斯林孟加拉人不愿被强行接受乌尔都语。由此看来,巴基斯坦最高法院的命令能收到多大成果还是个未知数。"

三 结 语

语言问题一直是巴基斯坦的核心议题之一。不管是在巴基斯坦独立运动时期还是在孟巴分治时期及以后,不同的语言问题总是给巴基斯坦带来或大或小的困扰。从"乌尔都语(国语)+英语(官方语言)"的二元模式转到"乌尔都语(国语+官方语言)"的一元模式,巴基斯坦政府花了 42 年的时间。冰冻三尺,非一日之寒,巴基斯坦各个层面/领域的语言问题的解决也绝非一日之功。这需要政府、相关部门以及语言政策与规划学者的智慧,也需要社会大众的心理适应和调整。

参考文献

Agrawal, Aditya. 2015. Why Pakistan is replacing English with Urdu?. *Time*, July 28, 2015. http://time.com/3975587/pakistan-english-urdu/.

Ayres, Alyssa. 2009. *Speaking Like a State: Language and Nationalism in Pakistan*. New York: Cambridge University Press.

IMS (International Media Support). 2009. Media in Pakistan (Report). http://www.mediasupport.org/wp-content/uploads/2012/11/ims-media-pakistan-radicalisation-2009.pdf.

Khalique, Harris. 2007. The Urdu-English relationship and its impact on Pakistan's social development. *Annual of Urdu Studies* 22.

Khan, M. Ilyas. 2015. Uncommon tongue: Pakistan's confusing move to Urdu. BBC News, Sep 12, 2015. http://www.bbc.com/news/world-asia-34215293.

Mohiuddin, Yasmeen Niaz. 2007. *Pakistan: A global studies handbook*. Santa Barbara: ABC-CLIO Inc.

Online 2015. Official language: Joint review committee to promote Urdu. *The Express Tribune*, August 19, 2015. http://tribune.com.pk/story/940601/official-language-joint-review-committee-to-promote-urdu/.

Ostler, Nicholas. 2010. *The Last Lingua Franca: English until the Return of Babel*. New York: Walker & Company.

Sheikh, Ammar. 2015. National language: Universities asked to use Urdu as official language. *The Express Tribune*, Sept. 6.

崔晓飞.2010.巴基斯塔语言状况与语言规划."中国语言生活状况报告"课题组编.中国语言生活状况报告(2009).北京:商务印书馆.

官忠明、王锐俊.2004.巴基斯坦独立后的语言规划及纷争.东南亚纵横(7).

金强、程诚.2015.独具特色的巴基斯坦商业报刊业.出版参考(10).

李福泉、黄民兴.2009.巴基斯坦伊斯兰宗教学校的发展状况、社会根源与影响.南亚研究(2).

刘成琼.2003.巴基斯坦的英语语言与英语文学.南亚研究季刊(2).

满在江、谢妍、艾佳.2011.巴基斯坦的语言与民族关系探析.徐州师范大学学报(哲学社会科学版)(3).

穆罕默德·伊斯梅尔·扎比赫.1988.我们是一个民族.陆水林译.世界民族(2).

郑子宁.2015.巴基斯坦为何要用乌尔都语取代英语? 澎湃新闻,私家历史,9 月 14 日.

作者简介

高莉,硕士,鲁东大学外国语学院讲师,主要研究方向为英语教育、专门用途英语、语料库语言学。电子邮箱:wendygaowd@163.com。

王春辉,博士,首都师范大学国际文化学院教授,主要研究方向为社会语言学、汉语句法语义、语言文化传播。电子邮箱:friendwch@126.com。

From English to Urdu：
A Transition Across Two Decades

Gao Li，Wang Chunhui

Ludong University，Capital Normal University

Abstract：The Supreme Court of Pakistan issued an order on 8 September 2015 local time to designate Urdu as the official language of the country，thus fully replacing the official status of English. This change has a profound social and historical background，which is due to the mixing of religious，ethnic and national factors at all levels and perspectives. The public's response to this change is varied. It can be seen that although the order is made，its real landing may take longer. It is of great theoretical and practical value to strengthen the study of Pakistan's language situation and language policy.

Key words：Pakistan；official language；Urdu language；English；Mandarin

·语言生态·

网络语言使用的代际差异[*]

蔡 冰

提 要:网络语言虽为青年网民所创,但并非年轻群体所专用,而是扩散到了其他年龄群体。网络词语的使用受到网络利用程度、年龄、性别、教育水平和居住地等社会因素的影响,其中网络利用程度是影响网络语言使用与否的最主要因素。随着互联网的全方位覆盖和网络交际的日益密切,网络语言将有可能成为全体网民共同使用的一种交际语码。

关键词:网络语言;言语社区;社会变项;代际差异

引言

根据中国互联网络信息中心(2018)的统计,截至 2017 年 12 月底,中国网民规模达到 7.72 亿,普及率达到 55.8%,超过全球平均水平(51.7%)4.1 个百分点,超过亚洲平均水平(46.7%)9.1 个百分点。网民主体是 10—39 岁群体,占到中国网民的 73.0%,其中 20—29 岁年龄段的网民占比最高,达30.0%;30—39 岁的网民所占比例为23.5%;40—49 岁年龄段的网民占 13.2%;60 岁以上高龄群体的占比有所提升,互联网继续向高龄人群渗透。在网络这一特殊的语言环境中,青年网民为了表明自己的特殊身份,有意识地回避共同语即普通话的词语,独创了一套显示自己青年网民身份的词语——"网络语言"(张薇、王红旗,2009)。既然年轻人群体是网民的主体,而网络语言又为青年网民所独创,我们想知道,在网络这个言语社区中,网络语言究竟是青少年网民所专用,还是已扩散到其他的年龄群体,进而成为网络言语社区中全体网民共有的一种语码? 为此,我们进行了一项关于两代人网络语言使用情况的问卷调查。

一 研究方法

本文采用问卷调查的方法收集研究数据。问卷要求受调查者就 110 个网络词语,回答"使用"或"不使用",同时填写了以下个人信息:性别、年龄、现居住地、成长地、教育水平和网络利用方式及程度等,以考察可能影响网络语言使用的社会变项。其中,"网络利用方式"包括电子邮件、手机短信、即时通讯、社交网络、博客和微博等 6 种。110 个网络词语主要选自《中国语言生活状况报告》(中国语言生活状况课题组,2005、2006、2007、2008、2009、2010),部分来自博客、微博等网络社交媒体。

* 本研究得到国家社科基金一般项目"汉语实词虚化的变异社会语言学研究"(项目编号:13BYY061)的资助。文章初稿曾在第一届"亚洲未来大会"(2013 年 3 月 8—10 日,曼谷)上宣读。在撰写过程中曾得到郭熙、苏新春、友定贤治、田中由加利等学者的宝贵建议和意见,《中国语言战略》审稿专家也提出了精当的修改建议,一并致谢。文中舛误概由作者负责。

为了调查两代人对网络词语的使用情况,调查者于 2012 年 1 月将 260 份问卷发给江苏师范大学语言科学学院对外汉语专业 2008 级、2009 级的本科生和 2011 级的汉语国际教育专业研究生,请他们和他们的家长分别填写问卷。问卷于 2012 年 2 月回收。调查项目 1/3 以上未回答的问卷视为废卷,这样得到的有效回答问卷总计 197 份,有效回答率为 75.77%。其中子女辈有效回答问卷为 99 份(有效回答率 76.15%),父母辈有效回答问卷为 98 份(有效回答率 75.4%)。接受调查的子女辈年龄均为 20—29 岁,其中女性 83 人,男性 16 人;父母辈 40—50 岁年龄段者 72 人,50 岁以上者 22 人,其中女性 50 人,男性 47 人。[①]

我们对子女辈以成长地进行分析,对父母辈以现居地和成长地进行分析[②]。成长地(5 岁至 15 岁期间)和现居地均归作都市圈(长三角城市及省会城市)和非都市圈(徐州等地)两类进行探讨。子女辈成长地在都市圈的有 35 人,在非都市圈的为 64 人;父母辈现居地在都市圈的有 31 人,在非都市圈的为 64 人。

在网络利用方面,我们对选项赋以不同的数值,来测定网络利用的程度。每项的分数为 0—3 分:选项[a.1 天 1 次以上]为 3 分,选项[b.几天用 1 次左右]为 2 分,选项[c.1 周 1 次以下]为 1 分,选项[d.不使用]为 0 分。7 个网络利用项目的总得分区间为"(min0-MAX21)"。得分越高,就表示网络利用的程度越高。

对 110 个网络词语使用与否亦采用赋值的方法测定其使用的程度:回答[a. 使用]给 1 分,回答[b. 不使用]给 0 分,全部项目总计得分区间为"(min0-MAX110)",即得分越高,表示网络词语的使用程度越高。[③]将定量数据的平均分分为两个群组进行比较的话,就用单样本的 t 检验;对于 5% 水平

且有显著差异的结果用多少论及。调查数据使用 SPSS 软件进行统计,并使用四舍五入精确到小数点后两位。

二 两代人的网络语言使用

我们从年龄(子女/父母)、网络利用程度、性别、成长地(都市圈/非都市圈)和教育程度等方面来探讨网络语言的代际使用差异。

(一)两代人使用网络词语的年龄差异

关于两代人对网络词语的使用,年龄差异是最显著的。从得分情况看,子女辈的平均得分为 49.31,远高于父母辈的 12.86 分。我们可以通过使用频率的高低来观察:使用率在 75% 及以上的为高频词;50% 到 75% 之间的为中频词;25% 到 50% 之间的为低频词;25% 以下的为超低频词。统计结果见表 1。

表 1　110 个网络词语使用的词频统计

	高频词(个)	中频词(个)	低频词(个)	超低频词(个)
子女辈	15	34	35	26
父母辈	0	1	8	101
总样本	0	11	48	51

从表 1 可以看出,子女辈使用的网络词语中,有 84 个的使用频次超过 25%,而父母辈超过 25% 使用频次的只有 9 个,这表明:(1)青年网民是网络词语使用的主力军;(2)网络词语并非年轻人群体所专用,其他年龄群体亦有使用。

---

① 有些被调查者未填写完整的个人信息,因而样本数与有效回答数并不完全一致。

② 中国的大众互联网络时代开始于 20 世纪 90 年代末,因此父母辈在 5 岁至 15 岁期间未接触互联网。

③ 本次调查是"基于日中对照的年轻人网络·手机信息行为个案研究"项目的一部分,为使双方的调查结果具有可比性,在问卷设计和统计方法上均保持了一致。

社会语言学研究发现,青少年阶段的语言特点是通过创新的语言形式和方言俗语等,背离成人的规范语言,构建同龄群体的内部认同(Chambers,1995)。在我们的调查中,子女辈调查对象为 20—29 岁的在读大学生或研究生,该群体尚不具有很强的社会影响力,没有多少社会话语权,而父母辈调查对象年龄均在 40 以上,是社会的中坚力量,是各种社会规范的主要维护者。因此,网络语言作为一种创新的语言形式,更多地为年轻人所使用,也就不足为奇了。

(二) 两代人使用网络词语的网络利用差异

两代人对网络利用程度的平均得分如图 1 所示。子女辈的各项目平均得分均远高于父母辈,有显著差异。综合统计的网络利用得分也是子女辈(11.88)远高于父母辈(3.68)。排名前三位的网络利用项目是:即时通讯(QQ)、互联网和公共社交网络。

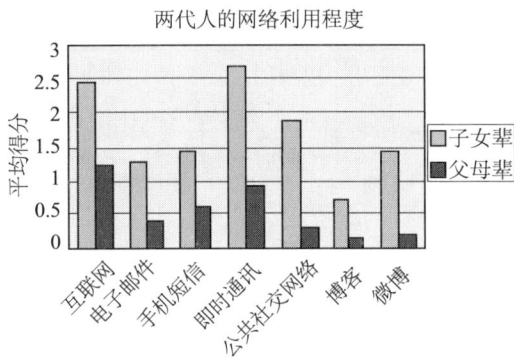

图 1　两代人的网络利用情况

网络词语的使用得分和网络利用得分呈显著的强程度正相关关系($r = 0.74$),即网民对于网络的利用程度越高,其网络词语的使用也就越多。

从代际来看,子女辈($r = 0.40$)和父母辈($r = 0.51$)的网络词语得分与网络利用得分均呈显著的中程度正相关关系。子女辈的网络词语得分与三个网络利用变项显著相关;父母辈的网络词语得分则与全部 6 个

网络使用程度项显著相关。两代人同时呈显著相关关系的项目是公共社交网络、博客和微博这三项。其中博客和微博与两代人的网络词语使用的相关性最为显著:子女辈的与博客利用关联最大,父母辈的则与微博利用关联最大。微博是最新的网络媒介工具。田中(2013)推断网络词语的使用程度可能与微博这一新媒介的使用意欲有关,不过我们认为可能与人际熟悉度和自我表达更为相关。从我们的调查结果来看,较之于电邮、手机短信和即时通讯,网络词语的使用与社交网络、博客和微博更为相关。观察一下这 6 种网络媒介的特点不难发现,前三种网络媒介基本上都是在熟人之间使用,而后三者媒介则面向更加广泛的人群,使用者可能会有更为强烈的自我表现欲望,而网络词语则是这种表现欲的一种反映。

(三) 两代人使用网络词语的性别差异

由于样本关系,我们未能从 SPSS 的统计结果中观察到网络词语的使用与性别属性的相关性,但百分比统计表明,性别差异仍然是存在的。

子女辈对 110 个用语的使用得分均值为 46.39,因此我们将得分在 47 分以上的用语视为使用程度较高的项目,这样就得到 55 个使用程度较高的网络用语,其中女性使用较高的有 13 个,男性使用较高的有 27 个,[①]可见,男性远比女性使用更多的网络用语。分别如下:

女性:恩、悲摧、切、给力、88、晕、hold 住、滴、闪、汗、木有、抓狂、fans

男性:88、恩、晕、闪、靠、东东、沙发、我靠、恐龙、菜鸟、切、给力、顶、爽、PK、悲摧、hold 住、汗、木有、fans、扁、美

---

① 这里去除了被调查者的重复选择。实际调查中我们设置了一些重复的内容,以保证问卷回答的可靠性。

眉、滴、抓狂、555、楼上、BF

父母辈对 110 个用语的使用得分均值为 11.45,因此我们将得分在 12 分以上的用语视为使用程度较高的项目,这样就得到 38 个使用程度较高的用语,其中男性和女性使用程度较高(使用率在 25% 以上)的均有 11 项,分列如下:

女性:恩、给力、88、酷、fans、晕、顶、爽、晕倒、扁、菜鸟
男性:恩、88、爽、晕、顶、酷、给力、晕倒、闪、切、美眉

其中男性和女性都常用的用语共 8 项:"晕倒、晕、爽、酷、给力、恩、顶、88"。女性更常用的是"闪、切、美眉",男性更为常用的是"菜鸟、扁、fans"。"恩"是口语中常见的应答词,其他用语也大多频繁使用在日常口语中,因此父母辈使用它们也不足为奇。[①]

(四)父母辈使用网络词语的现居地差异

SPSS 关于两代人的属性和网络词语使用情况的相关分析表明,父母辈和子女辈在成长地方面均未显示出差异。父母辈的现居地则与网络词语使用呈显著弱程度正相关的关系,相关系数为 0.21(见表 2),表明较之于现居地在都市圈的父母辈,现居地在非都市圈的父母辈更常使用网络词语。

表 2　父母辈现居地和网络词语使用的相关性

		现居地	网络词语使用
现居地	Pearson 相关性	1	.207[*]
	显著性(双侧)		.042
	N	97	97
网络词语使用	Pearson 相关性	.207[*]	1
	显著性(双侧)	.042	
	N	97	97

*.在 0.05 水平(双侧)上显著相关。

这一结果与日本学者的一项同类调查结果(田中,2013)正好相反。田中(2013)发现,日本首都圈父母辈受调查者的网络语言使用得分要高于非首都圈的父母辈受调查者。我们认为,中国的都市圈受调查者之所以比非都市圈的受调查者更少使用网络语言,其原因可能来自两个方面:(1) 参与调查的都市圈现居者并非本地居民,可能大多为外来务工者,他们阶层较低,因忙于劳作而无暇上网,从而很少接触和使用网络词语。(2) 符合"社会攀升"(social aspirer)解释,即较低的社会阶层为了提升自己的社会地位,会过多地使用他们认为有威望的语言形式,可能是某种语言不安全感(linguistic insecurity)的反映(Chambers,1995)。根据问卷的自报情况,在都市圈现居者中,高达 84% 的受调查者的成长地也都在都市圈,即大部分的都市圈受调查者并非外来务工人员,其社会阶层一般来说应高于非都市圈的人(田中,2013),这就意味着第一种解释基本可以排除。因此,我们更倾向于第二种解释,即可能是"社会攀升"心理使然:处于较低社会阶层的非都市圈成员,将网络语言视为一种流行的、有威望的语言形式,认为使用这种语言形式有助于自身社会地位的提升,因而出现了"由非都市圈向都市圈"扩散的变化路径。

(五)父母辈使用网络词语的教育程度差异

由于子女辈调查对象均为在校大学生或研究生,我们选取父母辈调查对象,考察不同教育程度与网络语言使用之间的关系。调查中要求接受调查者自报最后的学历水平,得到的教育程度样本构成见表 3。

---

① 需要指出的是,男性比女性更多地使用网络词语,这与一般的"由女性到男性"的语言创新模式相违背,个中原因有待进一步研究。

表3 父母辈的教育程度

	小学及以下	初中	高中	大学及以上	总计
人　数	9	33	35	20	97
百分比	9%	34%	36%	21%	100%

如果不考虑个体差异,不同教育程度的父母辈调查对象对110个网络词语的使用情况如图2所示。在图2中,大学及以上文化程度的受调查者使用的网络词语最多,达到20%;高中文化程度的次之,为15%;初中文化程度仅使用6%的网络词语;小学及以下文化程度的受调查者对110个网络词语的使用率最低,只有1%。SPSS的统计结果也显示,教育程度与110个网络词语的使用呈显著的正相关关系($r=0.35$)。这表明,受调查者的教育程度越高,越倾向于使用网络语言。

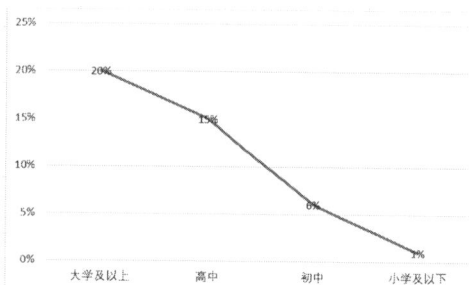

图2 网络词语使用的教育程度差异

个中原因不难解释。网络语言诞生于互联网,意味着计算机操作技能是网络语言使用者的必备素质。对于文化程度较低的父母辈受调查者而言,由于条件所限,计算机操作并不是一项很容易掌握的技能,从而阻碍了他们与互联网的接触。在当今网络社会中,文化程度越高,其工作和生活就越离不开电脑,经常接触互联网,自然也就有更多的机会了解和使用网络语言。

三　结论

在当今网络时代,互联网给人类社会带来了革命性影响,而它最终会给人们的语言生活带来何种影响,值得学界予以高度关注。本文关于网络词语使用状况的问卷调查表明,网络语言虽然最初为青年网民出于身份认同所独创,但在实际使用过程中并非年轻人群体所专用,而是扩散到了其他年龄群体。我们有理由相信,随着互联网的全方位覆盖和网络交际的日益密切,网络语言将有可能成为全体网民共同使用的一种交际语码。研究还发现,网络词语的使用受到网络利用程度、年龄、性别、教育水平和居住地等社会因素的影响,即使用网络语言的群体一般具有以下社会特征:与互联网接触较多,年轻人,男性,受教育程度较高,以及现居地在非都市圈等,其中网络利用程度是影响网络语言使用与否的最主要因素。

参考文献

包联群.2013.日中蒙若者语对照研究と都市言語研究.第一回アジア未来会議(AFC)、2013年3月7日—11日、バンコクにて、渥美国際交流財団主催.

教育部语言文字信息管理司.2005.中国语言生活状况报告.北京:商务印书馆.

教育部语言文字信息管理司.2006.中国语言生活状况报告.北京:商务印书馆.

教育部语言文字信息管理司.2007.中国语言生活状况报告.北京:商务印书馆.

教育部语言文字信息管理司.2008.中国语言生活状况报告.北京:商务印书馆.

教育部语言文字信息管理司.2009.中国语言生活状况报告.北京:商务印书馆.

教育部语言文字信息管理司.2010.中国语言生活状况报告.北京:商务印书馆.

田中ゆかり.2013.ネット系若者ことばの使用意識 —首都圏の大学に通う学生とその親に対するアンケート調査を中心に—.第一回アジア未来会議(AFC)、2013年3月7日—11日、バンコクにて、渥美国際交流財団主催.

张薇、王红旗.2009.网络语言是一种社会方言.济南大学学报(1).

中国互联网络信息中心.2018.中国互联网络发展状况统计报告.网址:http://www.cnnic.net.cn.

Chambers, J.K. 1995. *Sociolinguistic Theory: Linguistic Variation and Its Social Significance*. Malden, Ma: Blackwell Publishers.

作者简介

蔡冰,博士,江苏师范大学国际学院副教授,南京大学中国语言战略研究中心兼职研究员,主要研究方向为语言变异与变化和汉语国际教育。电子邮箱:caishw@jsnu.edu.cn。

Differences between Generations in Using Internet Slangs

Cai Bing
Jiangsu Normal University

Abstract: The survey result shows that internet slang, though innovated by young netizens, has spread across different age groups. The stratification of using internet slangs is caused by different social factors such as internet surfing habit, age, gender, education and habitat, among which internet surfing habit is the most important predictor variable. A predictable tendency is that internet slang will be a common code for all members of the cyber speech community with the development of the internet.

Key words: internet slang; speech community; social variable

乡村振兴背景下语言生态建设的思考[*]

杨丽萍　张沥文　李现乐

提　要:语言生态涉及语言地位关系、功能价值、语言能力和语言规范以及语言意识态度等问题。在乡风文明建设、城乡融合发展、乡村全面振兴等方面,乡村语言生态建设具有重要意义。乡村语言生态建设需要重点关注家庭领域、乡村公共领域语言使用以及影响语言意识和语言行为的传统文化、网络文化。语言生态建设需要进行大量的乡村语言调查,调查内容包括语言地位关系、功能价值、语言能力和规范程度以及语言意识态度等诸多方面,调查范围涉及家庭领域和乡村公共领域。

关键词:乡村振兴;语言生态;语言意识;语言能力

引言

改革开放以来,我国城乡经济、社会发展迅速,成就令人瞩目。在城市化进程不断加快的同时,广大乡村地区也获得了不同程度的发展,但与城市发展相比较来看,农村的发展总体上较为缓慢,城乡差距较为显著。2017 年 10 月,党的十九大做出实施乡村振兴战略的重大决策,明确了"产业兴旺、生态宜居、乡风文明、治理有效、生活富裕"的总要求。2018 年 1 月,《中共中央、国务院关于实施乡村振兴战略的意见》^①(以下简称《意见》)发布,《意见》全面分析了实施乡村振兴战略的重大意义、总体要求及脱贫攻坚、人才支撑、体制机制等方面的指导意见。习近平总书记在对实施乡村振兴战略做出的重要指示中也强调要坚持乡村全面振兴的原则,实现包括乡村产业振兴、人才振兴、文化振兴等在内的全面振兴。语言是乡风文明的重要载体,也是乡村产业振兴、人才振兴和文化振兴的重要保障。乡村振兴进程中,语言有何作用,如何发挥语言作用? 本文结合苏中扬州、泰州、南通三市的乡村语言调查,从乡村语言生态建设的角度加以简要分析,以期为乡村振兴提供语言学视角的思考。

一　语言生态建设及其在乡村振兴中的意义

"语言生态"的概念最早出现于 20 世纪 70 年代,由美国学者豪根提出,通过"自然生态"隐喻类比出"语言生态"的定义,指语言与所在族群、社会、文化及地理环境相互依存、相互作用的生存发展状态,就好像自然界特定生物和非生物的生态,多样化程度高的生态系统具有更高的稳定性与和谐性,语言文化多样化的社会也更趋于和谐稳定(王倩、张先亮,2015)。博纳德·斯波斯基

＊ 本文为国家社科基金青年项目"语言服务的价值与战略研究"(编号:14CYY010)、扬州大学大学生科创基金项目"乡村振兴背景下的乡村语言状况调查研究"(编号:X20180008)的阶段性成果。本文构思和写作期间,作者曾与张亚军、颜明、陈树等老师讨论文中部分内容,深受诸位老师启发,郑苏皖、刘亚男等同学也提供了部分材料,在此一并表示感谢! 文中谬误,概由本文作者负责。

① 中华人民共和国中央人民政府网站:中共中央、国务院关于实施乡村振兴战略的意见,2018 - 2 - 4, http://www.gov.cn/zhengce/2018 - 02/04/content_5263807.htm。

（2011）认为，"把语言环境看作是语言生态，这是一个不错的比喻"。

我国的生态语言学理论从西方引进，主要包括生态语言学理论研究和语言生态问题研究，如张艳玲、冯广艺（2010）和蔡永良（2012）阐述了语言生态学的几个概念，范俊军（2005）分析了语言生态危机的若干问题。还有将生态语言学与社会实际中的语言问题相结合的研究，如冯广艺（2008）强调了语言生态建设在生态文明建设中的重要作用，王倩、张先亮（2015）论述了语言生态在新型城镇化生态建设中的地位和作用。关于如何进行语言生态建设，冯广艺（2012）认为，应该维护语言多样性，坚持语言平等性，强调语言统一性，主张语言开放性，贯彻语言规范性，捍卫语言法律性。

综合以上研究，本文中的语言生态主要指特定言语社区中各种语言及其变体在不同领域、场合中的生存状态，包括不同语言的地位关系、语言使用的能力和规范程度、语言的功能价值表现以及可能对上述几方面产生影响的语言使用者的语言意识和语言态度等方面在内的综合状况。语言生态建设需要了解上述语言使用状况和语言态度意识，在此基础上完成对语言的地位关系、能力规范、功能价值及意识态度的调整、引导和顺应。

乡村语言生态的改善是乡风文明建设的重要组成部分。《意见》指出，"乡村振兴，乡风文明是保障。必须坚持物质文明和精神文明一起抓，提升农民精神风貌，培育文明乡风、良好家风、淳朴民风，不断提高乡村社会文明程度。"乡风文明状况很大程度上体现在乡村语言生态上。文明和谐的乡村语言生态有利于乡风文明建设，有助于乡村移风易俗，营造良好的社会氛围，让乡村乡风焕然一新，促进乡村振兴。

加强乡村语言生态建设，对缩小城乡差距、融合城乡发展、展现乡村生活文明和谐的新面貌具有重要意义。乡村振兴战略坚持"城乡融合发展"的基本原则，城乡语言生活的和谐是城乡融合发展的重要表现。虽然当前乡村语言生态总体上是发展与进步的，但较之城市还存在一定差距。在乡村生活中，政府机关、银行、医院等公共服务领域语言服务水平有待提升，乡村居民的普通话交流能力、新媒体语言运用能力不及城市居民。努力提升乡村地区的语言服务水平，有助于推进城乡基本公共服务均等化水平的进一步提高；发展乡村居民的各项语言能力，有助于推动城乡在语言使用、语言能力方面的融合发展。除此之外，相对于城市，乡村语言生活中还有较多的不和谐因素，如街头地摊、农贸市场等公共领域用语不文明、不礼貌的现象，标牌用语不规范的问题，家庭领域和学校领域的语言暴力问题，等等。因此，努力提高乡村语言文明规范程度，既有助于建设文明和谐的乡村，又能减少城乡沟通矛盾，为构建和谐的城乡关系奠定基础。

语言生态建设关涉乡村经济、政治、文化、生态等社会生活的方方面面，乡村语言生态建设、语言生态优化是乡村社会全面发展的内在要求。乡村振兴战略坚持"乡村全面振兴"的原则，包括统筹谋划乡村经济建设、政治建设、文化建设、生态建设等多个方面，这些方面的建设与语言生态建设相辅相成。在经济建设上，提升乡村居民的语言能力对于乡村经济发展、生活富裕、产业兴旺有一定的促进意义。例如，在乡村地区开展普通话技能培训、职业语言技能培训，有利于"促进农村劳动力转移就业和农民增收"；提升乡村居民的新媒体语言能力，是实现"数字乡村战略""构建农村一二三产业融合发展体系"的必然要求。在政治建设上，加强政府部门的语言建设，有助于巩固乡村振兴的基础，将"治理有效"的目标落到实处。

进一步提升基层党组织队伍的语言沟通能力,是加强农村基层党组织建设的重要保障;提高政府工作人员的语言服务意识,则是提高政府服务水平的内在要求。在文化建设上,开展乡村语言文化教育是加强农村思想道德建设的关键,也是传承发展农村优秀传统文化、加强农村公共文化建设的重要途径。在生态建设上,加强乡村语言景观规范化建设,可以为"创建一批特色生态旅游示范村镇和精品线路,打造绿色生态环保的乡村生态旅游产业链"的发展方向打好基础,铺平道路。

综上,乡村语言生态建设对乡村振兴战略中的乡风文明建设、城乡融合发展、乡村全面振兴等方面的落实有重要作用和意义。

二 乡村语言生态建设需要重点关注的领域

语言生态建设主要是减少乃至消除语言生态中的不和谐因素,维护和谐的语言生态。当前语言生态建设的重点是减少语言生态中不和谐的因素。冯广艺、陈碧(2009)指出,不和谐语言生态的主要特征是语言与语言之间的关系不融洽、语言自身的发展受阻、语言法规不健全、语言政策不合理、语言规范没有明确统一的标准、语言选择无所适从、语言运用混乱和语言污染严重等。可见,语言生态建设涉及的内容复杂多样。换一个角度看,语言生态建设也是语言规划的过程,涉及语言规划的诸多方面。结合博纳德·斯波斯基的语言规划理论分析,语言规划活动不是孤立的,语言规划活动发生在特定的社会语言环境之中,与语言信仰和语言实践紧密相关。语言信仰即语言意识形态,是人们认为在语言方面自己应该做的事情,而语言实践就是人们在语言方面实际上所做的事情(博纳德·斯波斯基,2011)。因此,乡村语言生态建设即语言规划工作需要

关注乡村言语社区的语言意识形态和语言实践,以此实现对上述语言的地位关系、能力规范、功能价值及意识态度的调整、引导和顺应。

语言的价值在于应用。从语言实践的角度看,乡村语言的应用主要表现在家庭领域和乡村公共领域。语言意识形态主要是对上述两个领域的语言使用的认识和态度。因此,乡村语言生态建设可以从考察家庭领域语言生活、乡村公共领域语言使用以及影响上述领域语言行为实践的语言意识等三个方面入手,分析其中的积极因素和消极成分,及其在乡风文明建设中的作用和影响。

(一)家庭领域

家庭领域的语言使用是家庭语言生活的反映。李宇明(2012)在分析语言生活的层级时指出,家庭语言生活是微观语言生活的重要组成部分,家庭语言问题直接关系到家人情感,需要专门研究家庭语言学,提供家庭语言指导。家庭是社会的细胞,家庭语言生活质量关系到乡村语言生态状况。就日常家庭语言生活的内容来说,文明用语的使用、家庭语言暴力、家庭语言教育等都是家庭语言生活需要重点关注的问题。

在家庭日常生活中,就我们对苏中三市展开的家庭语言调查来看,文明礼貌用语的使用尚未得到足够的重视。由于国人含蓄、内敛的性格,在夫妻、兄弟、姐妹等关系亲密的平辈家庭成员之间交流中,常常忽略"谢谢""对不起"等基本礼貌用语的使用。然而即使是再亲密的关系,一定语境中,文明礼貌用语的缺位也有可能造成一定程度的误解,不利于家庭成员之间的和谐相处。语言暴力是对他人产生某种支配力或影响力的言语行为,是诉诸语言的暴力行为,具有伤及他人情感、自尊,侮辱心灵的能量(张国华,2006),家庭语言生活中文明礼貌用语使用的不足、语言沟通表达能力的缺乏等多方

面的因素都会引发家庭语言暴力问题。这种语言行为主要存在于家庭夫妻之间、家长与孩子之间，并且以隐秘的形式存在，严重影响和谐稳定的家庭关系的构建。家庭语言教育主要表现在父母对子女语言能力教育、语言行为文明规范教育等多个方面。据我们的初步调查，在语种上，随着普通话的推广，父母越来越重视孩子普通话能力、英语能力的培养，部分家庭会对孩子的语言教育进行一定的经济投入，给孩子报作文辅导班、英语辅导班等。不过，父母在强调普通话作用的同时，往往会忽视方言在特定语境中的交际作用，青年一代开始出现方言能力退化的现象。此外，当前农村人口老龄化、空心化现象突出，在语言能力方面，随着新媒体的快速发展，农村留守人员，特别是留守老人的新媒体语言能力，例如使用微信、QQ网上交流或与在外地工作的子女沟通联系、网上购物消费等，存在明显的困难与不足，这些都是值得关注的语言问题。

家庭是最基本的社会单位，家庭语言生活可以从微观层面折射出乡村社会语言生活的现状，家庭语言生活中存在的语言问题也是乡村语言生态建设中在语言使用方面急需解决的问题。乡村振兴战略的实施，需要充分发挥每一个乡村建设者的主动性和能动性，因而我们需要关注每一个家庭、每一个成员包括语言生活在内的生活状况，为乡村的全面振兴提供内生力量。

（二）乡村公共领域

乡村公共领域的语言使用主要包括乡村居民在乡村公共领域从事生产、生活等社会交际活动中的语言使用状况，其中语言选择、普通话与方言的听说能力、新媒体语言能力、网络语言的规范使用、乡村语言景观的语言文字规范使用等方面的语言问题值得深入探究。

在普通话与方言的选择上，虽然普通话在乡村地区逐渐推广，但与城市不同，乡村地缘、亲缘关系紧密，人们在农贸市场、银行、医院等不同公共场合，都可能遇到亲戚、朋友、邻居等关系亲密的交际对象，都更倾向于选择方言进行交流。在语言能力上，据我们的初步调查，一方面，随着普通话的推广以及人们自身受教育程度的提高，乡村居民的普通话基本听说能力总体上有所提高，但日常工作生活中的沟通表达能力还有待提升。另一方面，随着电视、电脑、智能手机等新媒体设备在乡村生活中的普及，青年一代由于对电脑、手机的过度依赖，汉字书写能力有了下降的趋势，而受教育程度较低的村民和接受新事物能力较低的老年人在键盘输入、网络搜索等新媒体设备使用过程中的语言输入与传送方面出现一定的障碍，新媒体语言能力有待提升。在文明规范用语的使用上，网络语言追求标新立异、经济简练、幽默诙谐的表达，借鉴幼童发音、方言发音生造词语，使用缩略语、不遵循语法规则等不规范用语现象层出不穷，由于网络世界的虚拟性，语言粗俗化、低俗化、网络语言暴力等问题日益突出。此外，公共交通指示牌、店铺招牌、广告牌等乡村语言景观，由于设立者的疏忽、文化水平的限制或文明规范用语意识的淡薄等方面原因，还存在着语言形式不统一、语言表意不明确、语言文字使用不规范等问题。

上述种种语言问题，涉及乡村社会经济发展过程中的诸多方面，这些语言问题的有效解决对于乡村经济发展、乡风文明建设具有重要的意义。乡村公共领域的语言使用既受家庭语言生活的影响，又与乡村生产、生活紧密相连，同时涉及现实生活和网络虚拟空间、口语交际和书面语、文字问题，包含的内容繁杂，语言问题复杂多样，需要分门别类，做细致深入的分析。

（三）语言意识与传统文化、网络文化

乡村语言生态建设需要包括广大乡村

民众在内的乡村经济建设者和社会管理者树立正确清晰的语言意识，以此指导自身的语言行为，做好语言管理。一直以来，优秀的传统文化深刻地影响着人们的语言意识；近年来，随着互联网的发展，网络文化也逐步深入到乡村语言生活中。语言意识与传统文化、网络文化渗透在上述家庭领域和乡村公共领域的语言行为之中。乡村语言生态建设需要关注传统文化和网络文化对语言意识与语言行为的影响，尤其是传统文化中与语言行为相关的文化内涵。

作为一个走过五千年悠悠岁月的文明古国，中国各个时代的文化经过数千年的沉淀与积累，最终形成了有着丰富内涵的传统文化。例如，传统文化重视礼教文明，在语言方面表现为礼俗语言。中国的传统社会与现在的乡村社会情况类似，都是熟人社会，亲属称谓发达，招呼语使用频繁。传统文化在语言意识上坚持"自卑尊人"的原则，重视敬语、谦语等礼貌用语的使用，坚持诚信精神。例如，"一言九鼎""一诺千金""一言既出，驷马难追"等成语就体现了人们语言诚信的意识。传统文化呈现的形式多样，其中语言文字是传统文化的主要载体，如四书五经、诗词曲赋、家训乡规、民间谚语等，对人们语言行为规范、语言意识形态等有着潜移默化的影响和重要的指导意义。乡村语言生态建设需要充分挖掘这些不同形式的传统文化内涵，实现乡村振兴战略中"传承发展提升农村优秀传统文化"的要求，借助传统文化对语言意识的影响，可以为建设和谐的乡村语言生态指引方向。

随着网络信息技术的发展、新媒体设备在乡村地区的普及，由现实社会延伸出的虚拟网络生活也进入了广大乡村，以网络语言为代表的网络文化开始进入人们的日常生活，许多乡村居民也拥有了一个新身份：网民。网络文化以其多元化、创新化的特点，发展并延伸了传统文化。与传统文化强调共性不同，网络文化宣扬个性，并对人们的语言意识有着一定的影响。但网络文化过分追求个性，且在一定程度上缺乏有效的语言监管，这些都不利于正确语言意识的形成。

乡村语言生态建设要充分发掘与时代相适应的传统文化资源，汲取传统文化的营养，充分利用优秀传统文化和当代网络文化中的积极因素，尽可能消解网络文化给语言意识带来的负面影响，从而引导社会成员树立正确的语言意识。

从以上的简要分析中可以看出，三方面相互关联、相互促进。从历史与现实的维度出发，优秀的传统文化和当代网络文化对家庭领域、乡村公共领域中语言文明建设有积极作用，家庭领域、乡村公共领域的语言使用反映人们的语言意识。从家庭与社会的维度出发，家庭语言生活是乡村公共语言生活的缩影，网络语言环境、乡村公共领域语言状况在一定程度上影响家庭成员的语言使用。家庭领域、乡村公共领域的语言使用以及贯穿其中的语言意识共同反映了一个地区的语言生态状况。乡村语言生态建设需要重点关注上述几方面的语言问题。

三 乡村语言生态建设与乡村语言调查

语言调查是了解语言状况的重要方法。国内关于语言状况的调查，从研究对象范围上看，主要集中在城市地区和少数民族地区；从研究内容上看，主要是传统方言学的调查和社会语言学语言变异研究。近年来，在乡村语言使用状况调查研究中，主要涉及教育领域语言使用和户外宣传标语口号等方面，如李虹（2012）、李晖（2018）等调查分析了乡镇教学环境下的学生语言能力和语言使用情况，聂桂兰（2004）调查了江西吉安乡村户外标语口号，并对其进行分类；王紫茵(2016)调查了酒泉地区乡镇政府户外宣传标语，总结了乡镇户外标语所存在的问题。总体上看，大规模的乡村语言生活调查相对缺乏。

语言生态是语言主体使用语言的状况和态度，是语言政策、语言文化、语言意识等各要素相互作用的结果，是语言文明程度、语言能力及社会风气的综合反映。乡村语言生态建设过程中，解决包含上述家庭领域、乡村公共领域语言使用以及贯穿其间的语言意识等几方面在内的诸多语言问题，需要语言主体，也就是乡村建设者和管理者通过科学有效的语言管理，引导乡村居民树立正确的语言意识，进行文明规范的语言实践。乡村语言生态建设需要进行大量的乡村语言调查，全面客观地分析乡村语言问题，为制定合理的语言政策、实施科学的语言管理奠定基础。

在调查内容上，可以围绕乡村语言的地位关系、能力规范、功能价值及意识态度等语言生态建设的几方面展开。

在语言的地位关系上，乡村语言调查主要调查在乡村语言使用的各种领域、场合中不同语言及其语言变体和文字形态的关系，例如普通话和规范汉字与外语外文、各地方言在实际使用中的主次地位，这也是语言生态建设的核心内容。乡村语言景观调查是分析语言地位关系重要途径之一。语言景观根据设立者的不同分为官方和私人两种类型，根据我们对苏中三市部分乡村抽样调查，无论是官方的还是私人的语言景观，都存在较多的语言问题，其中私人标牌所反映出的语言地位关系问题较为明显，少部分服装店的商铺标牌已经出现外文字符突出，甚至只有外文字符、不见汉字的现象。乡村语言生态建设需要关注这些关涉语言地位关系的语言景观。

在语言能力和语言规范上，乡村语言调查主要关注乡村居民在各种交际环境中对各种语言的掌握情况，如普通话听说读写能力、外语技能、方言的传承问题，以及对各种语言形态的使用规范程度。乡村语言景观是乡村语言使用规范考察研究中的重点关注对象。乡村语言景观调查发现，当前在乡村语言的规范使用上存在一些较为明显的问题，反映出乡村民众语言能力的不足，例如：公共标牌中汉语(中文)缺失、字迹模糊，多语标牌的语言翻译不准确、用语直白生硬，私人标牌上汉字或字母书写错误、繁简字混用等不规范，店铺名称表意不明确、过分追求金钱化、命名方式单一化、语言缺乏活力，部分广告招牌语夸大其词，在一定程度上欺诈消费者。显然，这些有关语言能力和语言使用规范的现象与问题都是乡村语言生态建设的内容，也是关乎乡村振兴的语言问题。在语言的功能价值调查上，则主要联系经济社会发展，考察语言在社会经济、文化发展中所发挥的作用，以及管理部门为发挥语言的作用而制定的各项语言政策、制度情况。当前，乡村振兴是乡村经济社会发展中重大而长远的任务，语言的价值功能考察应重点结合乡村振兴展开。例如，目前部分地方政府出台了美丽乡村建设指南评估类的系列文件，据我们初步分析，这些文件中缺乏结合乡村社会经济文化特点进行乡村文明评估的语言标准。例如，《美丽乡村建设规范(浙江省地方标准)》①中，虽然有"村庄主入口设标识标牌，设村民标识。主干公路应设规范的交通指示牌，并对省级以

---

① 《美丽乡村建设规范(浙江省地方标准)》是全国首个《美丽乡村建设规范》地方标准，于2014年4月2日由浙江省质监局发布，总结提炼安吉县美丽乡村建设成功经验，规范性引用新农村建设现有国家、行业及地方标准，并对经济、环境保护、安全等基本指标进行统一规范和量化，确保美丽乡村建有方向、评有标准、管有办法。

上旅游特色村和四星级以上农家乐设置指示牌""规范整合各种交通警示标志、旅游标志、宣传牌。及时清除有碍景观、违法的广告"等与语言规范相关的评估细则，但只局限于语言景观中的部分公共标牌，对私人标牌以及村民的语言行为规范没有做明确要求。如今乡村振兴中文明村的部分村镇的考评细则也存在这样的问题，提出"道德风尚良好""制定落实'村规民约'"①等宽泛的概念，没有明确提出考察村民生活文明规范用语情况，缺乏具体的评估标准。

语言意识态度调查方面，主要是调查乡村语言使用者和语言管理者的主观认知，涉及对上述语言地位关系、能力规范、功能价值等多个方面的语言问题或现象的主观认识和价值判断，因而语言意识态度调查应紧密结合上述诸多语言问题而展开。同时，语言意识态度调查还要注重考查语言意识态度对上述语言行为的影响，以及可能影响语言态度、语言行为的语言文化，如地方传统文化中对语言行为的约定。

家训乡规作为地方传统文化的重要内容之一，对家庭成员和社会成员的为人处世、言语行为多有规定，在语言规范、语言文明等方面发挥了重要的作用。对此，乡村语言调查可以以此作为调查的一个重要内容。家训是由家族内部制定，对子孙后代言行有着重要约束作用的口头训诫或纸质规约，乡规是由乡村群众集体制定，进行自我约束、自我管理的民间公约，是维护乡村公德和集体关系的规范。据我们对部分家训乡规的文献分析，与语言相关的传统家训乡规主要分为三类：语言文明传统内涵阐释、语言使用规范教育以及语言能力熏陶培养。语言文明传统内涵，即传统家训乡规中阐释语言文明内涵并明确对语言文明的态度。我国传统文化重视修口德，家训乡规帮助人们了解语言文明并树立语言文明意识。语言使用规范教育，是指家训乡规中在待人接物方面对语言使用的训导。家训乡规有训导规约的作用，所以语言使用规范教育类的家训乡规较多，如："言忠信，行笃敬，乃圣人教人取重于乡曲之术"(《袁氏世范》)是对语言诚信的训导，"言谈举止有礼有致"(《颜氏家训》)是对文明礼貌用语的提倡等。语言能力熏陶培养，是指传统家训乡规劝诫人们通过读书写字提高个人教养素质，从而提升表达、沟通等语言能力，如"练书法贵在困知勉行工夫""学字当学颜柳秀雄之气"(《曾国藩家训》)，重视汉字书写能力的培养，"读经传则根柢深，看史鉴则议论伟"(《钱氏家训》)，②强调读书对提高语言表达能力和自身修养的重要作用。

《礼记·王制》中说："修其教，不易其俗；齐其政，不易其宜。"乡村是典型的熟人社会，自古以来，他们习惯以祖上流传下来的老规矩为行为准则，以村里大多数人的言行举止为参照，从而约束自己的一言一行。这些家训乡规倡导言谈礼貌、和睦邻里的语言道德规范，传统家训面向家庭族人，传统乡规面向社会群体。针对传统家训乡规的乡村语言调查，也与上文所述的从家庭领域、乡村公共领域两个方面推进乡村语言文明建设相一致。与此同时，在继承传统家训乡规的基础上，结合当前社会现状，发展新

---

① 《旧州镇2018年宜居乡村文明村、文明户评比实施方案》文明村评选标准之精神文明创建第三条：成立村民理事会等群众自治组织，移风易俗、道德风尚良好；《2018年上半年小董镇开展清洁文明村、文明户创建评比活动方案》清洁文明自然村必须具备基本条件的第二条：形成清洁乡村长效机制，制定落实"村规民约""户前三包"责任制。

② "言忠信，行笃敬，乃圣人教人取重于乡曲之术"出自《袁氏世范》之《处己·忠信笃敬，圣人之术》；"言谈举止有礼有致"出自《颜氏家训》卷二之风操篇第六；"练书法贵在困知勉行工夫""学字当学颜柳秀雄之气"出自《曾国藩家训》谕儿篇；"读经传则根柢深，看史鉴则议论伟"出自《钱氏家训》个人篇。

时代的家训乡规,使之适应新时代的社会文明,为当今乡风文明建设提供借鉴,也是乡村振兴背景下乡村语言调查的重要内容和目的。

四 结语

当前,随着乡村振兴战略的提出和实施,乡村经济文化发展、社会生活质量的提升都迎来了前所未有的契机。语言作为重要的资源和工具,其间必然发挥重要的作用。李宇明(2012)指出,随着乡村基础设施建设的不断发展和城乡沟通的频繁而广泛,城市对乡村的语言生活影响巨大而深远,乡村语言生活,包括语言实践和语言观念,正发生巨大变化。而从语言研究角度来看,农村蕴藏着丰富的语言资源,社会语言学研究除了进行城市语言研究之外,务必加大力度研究农村语言(付义荣,2007)。因而无论是从当前的乡村振兴的背景来看,还是从保护语言资源和构建和谐语言生活角度来看,或是语言研究理论需要来看,加强乡村语言生活研究和乡村语言生态建设都具有极为重要的意义。乡村语言生态建设需要关注家庭领域和乡村公共领域的语言使用,需要关注语言使用者和管理者的语言意识态度,继承和弘扬优秀传统文化,通过充分挖掘传统家训乡规在家庭、乡村公共领域语言行为的文明规范作用,消除乡村语言景观不规范现象,构建和谐语言生活,加强语言文明和乡风文明建设。大量的乡村语言调查,可以为建立乡村语言生态建设规范、推广乡村语言文明典型经验、制定乡村文明评估标准奠定坚实的基础。

参考文献

博纳德·斯波斯基.2011.语言政策:社会语言学中的重要论题.张治国译.北京:商务印书馆.

蔡永良.2012.关于"语言生态学".上海理工大学学报(社会科学版)(3).

范俊军.2005.我国语言生态危机的若干问题.兰州大学学报(6).

冯广艺.2008.生态文明建设中的语言生态问题.贵州社会科学(4).

冯广艺.2012.生态文明建设中的语言生态对策.贵州社会科学(6).

冯广艺、陈碧.2009.生态文明建设与语言生态构建互动论.中国地质大学学报(社会科学版)(3).

付义荣.2007.语言研究中的城市与农村.中国社会语言学新视角.南京:南京大学出版社.

孔江平等.2016.语言生态研究的意义、现状及方法.暨南学报(哲学社会科学版)(6).

李虹.2012.河北省农村中小学生英语语言能力发展状况调查报告.科教导刊(上旬刊)(8).

李晖.2018.农村学校语言文字使用情况调查报告.陕西教育(教学版)(4).

李荣刚.2016.乡村社区的社会语言学价值阐释.南京邮电大学学报(社会科学版)(1).

李宇明.2011.语言也是"硬实力".华中师范大学学报(人文社会科学版)(5).

李宇明.2012.论语言生活的层级.语言教学与研究(5).

李宇明.2012.中国语言生活的时代特征.中国语文(4).

聂桂兰.2004.标语口号在乡村——江西吉安乡村户外标语口号的田野调查.江西省语言学年会编.江西省语言学会2004年年会论文集..

乔倩、关彦庆.2010.新农村和谐语言生活的构建.哈尔滨工业大学学报(社会科学版)(4).

王倩、张先亮.2015.语言生态在新型城镇化生态建设中的地位和作用.语言文字应用(3).

王紫茵.2016.酒泉农村地区政府户外宣传标语的调查研究.兰州大学硕士学位论文.

夏历.2007.农民工言语社区探索研究.语言文字应用(1).

谢俊英.2011.城市化进程中的农民工语言问题.云南师范大学学报(哲学社会科学版)(3).

曾彦、王蓉.2016.农村语言文字的使用:个体性与层次性并重——基于湖北省农村语言文字使用情况的调查分析.江汉大学学报(社会科学版)(2).

张国华.2006.和谐社会构建进程中的语言和谐支撑.河南师范大学学报(哲学社会科学版)(3).

张先亮、陈青松.2015.新型城镇化进程中的语言生态建设.第八届全国语言文字应用学术研讨会论文集.上海:上海交通大学出版社.

张艳玲、冯广艺.2010.语言生态学的几个概念.湖北社会科学(9).

赵思思.2013.金华市白龙桥镇居民语言现状考察.浙江师

范大学硕士学位论文.

作者简介

　　杨丽萍,扬州大学文学院语言学专业硕士研究生,主要研究方向为社会语言学。电子邮箱: 1195272443@qq.com。

　　张沥文,扬州大学文学院汉语国际教育专业学生,扬州大学大学生科创基金项目"乡村振兴背景下的乡村语言状况调查研究"负责人。

　　李现乐,博士,扬州大学文学院副教授,硕士生导师,主要研究方向为社会语言学与对外汉语教学、语言服务与语言经济等。

Reflections on the Language Ecology Construction under the Rural Vitalization

Yang Liping，Zhang Liwen，Li Xianle
Yangzhou University

Abstract：Language ecology deals with linguistic status, functional values, linguistic competence, linguistic standardization, linguistic awareness, and so on. As rural vitalization expands, the language ecology construction is of great importance to the rural civilization, the integrated urban and rural development, the all-round rural vitalization, and etc. With a focus on language use in family life and rural public domain, the research on rural language ecology construction identifies the effect factors of linguistic awareness and its influences on linguistic performance. Meanwhile, plenty of studies concerning many aspects of language ecology as mentioned above have been conducted in which both the family life and rural public domain are named.

Key words：rural vitalization; language ecology; linguistic awareness; linguistic competence

我国直辖市政府机构网站域名规范化探究[*]

赵　羚　熊文新

提　要：对我国直辖市政府机构的网站域名使用情况进行调查，发现域名主体命名的规律，并提出规范化的域名设置方案。选取四个直辖市政府门户网站列出的市直机构网站域名 193 个，重点考察其域名主体语言的选用、域名主体的构成规则和域名层级性体现等三方面的属性，对这些域名主体进行特征标注，并据此实施统计分析。我国直辖市内部各机构域名主体和不同城市同一机构的域名主体设置都不一致，并提出一个方便民众理解和记忆的新域名主体的设置方案，即以机构名汉语拼音首字母缩略形式并采用二级域名"○○○.□□□.gov.cn"结构的地方政府机构网站域名。调查范围只限于四大直辖市和官方门户网站所列出的机构域名，今后可进行更大范围的调查。

关键词：直辖市政府；网站域名；规范化；解决方案

引言

　　域名采用自然语言代替 IP 地址来标识网址信息，具有便捷性。对于百姓了解政务信息、参与政务决策，构建透明政府，一个良好设计的政府网站域名无疑有助于降低用户使用门槛，密切政民互动。但遗憾的是，当前我国政府机构网站的域名使用现状却并不令人满意。譬如已知北京市财政局网站的域名主体 bjcz，无从推导出北京市体育局网站域名主体 bjsports，也无法类推其他城市如上海市财政局的网站域名主体 czj。这种域名设置的乱象不符合民众对同类事物由已知类推未知的认知习惯，人们难以自然、精准、迅速地通过域名构造规律来定位政府网站。这在一定程度上影响了我国电子政务系统的发展，也限制了政府机构公共服务质量的提升。

　　域名是网络时代出现的新生命名现象，已经有一些学者从法律（周清华、强兆枫，2003）、电子政务（顾海兵、周双，2008）、信息情报（王伟、戴国强，2011）和管理学（龙吉江，2010）等角度对此进行了分析。另有一些学者注意到不同省市特定行业机构网站域名的设置乱象（张宜民，2012）。但以上研究或为了举例说明域名设置存在的乱象，或是针对某个特定部门的域名进行分析，并没有全方位地考察我国政府部门网站域名的设置情况，提出的解决方案仍不够具体。鉴于域名是一种对网络地址的自然语言命名行为，计算机界利用域名的词素特征设计可疑域名的检测方案，取得一定效果（张维维等，2016）。对于网站域名（马晶璐，2013）和网站名称（徐天云，2010），语言学界也有人分别进行探讨，提出合适的域名设置方案。借助对域名信息的利用，邱均平等提出

＊　本文为北京市社科基金项目"政务交流语言的民间适用性研究"（项目编号：16YYB018）和国家社科基金项目"服务信息检索的自然语言"（项目编号：11BYY051）的研究成果。

了网络信息计量学视角下的域名分析法,可用于网络服务、用户分析和网络信息传播规律的研究(邱均平、宋艳辉,2010)。

本文从语言使用的视角出发,以我国四个直辖市政府机构网站域名作为考察对象,横向描写直辖市政府内部各机构网站域名主体设置的现状,纵向对比不同直辖市之间同一政府机构网站域名主体设置的异同,并基于数据分析结果,试图为我国地方政府机构网站域名主体的设置提出符合语言发展规律、具有现实可能性的可行方案,以适应人民参与政务决策的期待和需求,打通信息壁垒,推动政务信息资源共享。

一 数据获取与处理

当前对我国政府机构的命名一般采取"区域名+矢名+格级名"的构造方式。区域名表示管辖范围或隶属关系,矢名标明其工作内容,格级名代表其级别规格。如"北京市教育委员会"就由作为区域名的"北京市"、作为矢名的"教育"和作为格级名的"委员会"构成。

域名通过一串用点(dot)分隔的名字构成的自然语言表述形式,来标识入网计算设备的地址。犹如现实世界中的地址铭牌,域名由域名主体和域名后缀构成。域名经由域名后缀体现层级性,如位于域名最右侧的顶级域(top-level domain),向左依次为二级域(second-level domain)等。域名顶级后缀有领域顶级后缀(如表示政务的 gov)和地域顶级后缀(如表示中国的 cn)。典型例子如北京市民政局(www.bjmzj.gov.cn),其域名主体为 bjmzj,域名后缀为领域顶级域名 gov 和地域顶级域名 cn,分别表示该域名指向的机构名称、政府机构的领域属性及其中国的地域属性(见图1)。

www	.bjmzj	.gov	.cn
网络名	二级域 域名主体	顶级域 领域顶级后缀	顶级域 地域顶级后缀

图1 域名的构成与层级示例

作为我国政府机构,域名一般都选择注册.gov.cn 这种"政务+国别"的顶级域名后缀,彰显其政府机构的官方属性。域名主体一般采用拉丁字母标识政府机构的管辖范围、工作内容或级别规格。尽管当前中文域名已经开放,但限于用户历史习惯和主流互联网应用系统对中文域名的普遍适用性问题,中文域名仍仅占国内域名市场规模的 2%(稽叶楠、郭靖、李昭涵,2018)。因此,本文研究对象设定为我国四直辖市政府机构网站传统拉丁字母文字体系的域名主体。

(一)数据来源与获取

选取我国四个直辖市北京、上海、天津和重庆市政府的机构网站域名作为考察对象。在我国 34 个省级行政单位中,直辖市是城市化发展程度最高的地区,其信息化水平、网络普及率和民众上网率相对较高。规范直辖市政府机构网站域名主体的设置可为其他省市做出样板。本文以我国四个直辖市为突破口,以点带面。

分析四直辖市政府机构网站的域名主体设置情况,主要包括三个方面:其一为域名主体的语言选用;其二为域名主体的构成规则;其三为域名的层级性设置。以下我们收集我国直辖市政府机构网站域名主体,对其进行编码梳理分析,以期为我国地方政府网站域名主体设置提供规范可行的解决方案。

本文政府机构的选择是根据各直辖市政府门户网站首页的"市政府部门网站"中所列举的隶属该直辖市的政府机构。据此共收集北京市政府部门 43 个、上海市 50 个、天津市 42 个、重庆市 58 个,共 193 条政府机构网站域名。访问截止时间为 2018 年 3 月 20 日。

(二)数据标注

采集到原始数据后,为便于后续分析,我们对数据进行编码设置。通过初步考察,发现网站域名主体主要有域名语言选用、域名主体构成规则和域名层级性三个变量。其一,所有政府网站域名均采用拉丁字母形式,有三种类型:(1)英文(E),如北京市环保局采用其机构英译名作为域名主体,bjepb。(2)汉语拼音(C),如北京市民政局采用其机构名汉语拼音作为域名主体,bjmzj。(3)其他(*),如上海市人力资源和社会保障局采用热线电话加区域名拼音作为域名主体,12333sh。其二,域名构成规则主要有两种形式:(1)单词或全拼的首字母缩写,如上文北京市环保局的域名主体是采用英译名首字母的缩写构成,民政局采用汉语拼音首字母缩写。(2)单词或缩略词(clipping),如北京市水务局 bjwater。其三,域名层级性包括两种:(1)独立域名(I),以 www.○○○.gov.cn 结构出现,如 www.bjepb.gov.cn;(2)二级域名(S),采用○○○.□□□.gov.cn 形式出现,如 scjg.tj.gov.cn。其中,○○○为本机构拼音或机构英译名对应的字符串;□□□为行政区域汉

语拼音的对应字符串,结合领域顶级域名和地域顶级域名,可以判定为这一地区的政府网站。本文研究对象为域名主体,即上述两种域名形式中的"○○○"——政府机构拼音或机构英译名对应的字符串。

将待判定的政府机构英译名和汉语拼音,通过上述两种域名主体构造规则产生可能的候选域名主体形式,与政府门户网站提供的机构网站域名主体进行对比,确认该域名主体的语言选用及其构造规则。机构英译名的来源主要是政府机构网站首页提供的 LOGO、English 界面、Baidu 搜索结果以及国务院或其他省市相同部门的对应英译名。汉语拼音来源为该机构网站展示的机构名全称或简称。如果待判定域名主体不符合英译名和汉语拼音的构造规则,以其他形式呈现且具有理据性,例如该部门热线电话号码等,则判定为其他,注为"*"。如果待判定域名主体不符合上述三种形式,则判定为不规则。以北京市为例,见表1。

表1 北京市 43 个政府机构网站域名主体情况

语言	分类	数量	分类	实例		数量
				形式类别	实例(中文简称,英译及域名主体)	
英语 A	简拼	13	可推	无功能词	审计局 Beijing Municipal Audit Bureau(bjab)	2
				十功能词	商务委员会 Beijing Municipal Commission of Commerce(bjcoc)	1
				一功能词	工商局 Beijing Administration for Industry and Commerce(baic)	4
			不可	英译对应	食品和药品监管局 Beijing Food and Drug Administration(bjda)	1
				英译不对应	城市管理委员会 Beijing Municipal Commission of city management(bjmac)	5
	单词	6	可推限制	对应	体育局 Beijing Municipal Bureau of *Sports*(bjsports)	4
				不对应	统计局 Beijing Municipal Bureau of *Statistics*(bjstats)	2
汉语 B	汉字	23	全/简	采纳全词	公安局 Gong'an Ju(bjgaj)	3
				使用简称	法制办公室→法制办 Fazhi ban(bjfzb)	20
其他 C	*	1			地税局(tax861)	1

（三）数据分析

根据以上标注数据,我们拟进行某一城市内部各市直机构的域名主体分析和同一机构不同城市的域名主体构成分析。

（1）同一城市市直机构域名使用状况

根据标注方案的北京(下称"京")、上海("沪")、天津("津")和重庆("渝")四个直辖市政府机构网站域名主体的构成分析,发现在我国直辖市政府网站域名主体命名上存在如下情况:

第一,政府机构网站域名主体的语言选用不同,见图2(Ⅰ)所示。超过半数使用机构名汉语拼音声母的首字母缩写形式(京54%;沪59%;津67%;渝64%),上海、重庆等地的拼音声母分别为 sh,h 和 ch,q,在域名主体中多以 s 和 c 表示。另有一些使用机构英译名的单词首字母缀合而成(京44%;沪39%;津30%;渝36%),此外还有一些机构采取特殊的网站域名命名方式(京2.3%;沪2.0%;津2.3%;渝0%),如部门热线、IP地址等。这种语言选用的不一致是由于国家没有相应明确的命名规范,当前各机构自行拟订域名主体时,多凭网站管理者个人喜好或直接借用上级机构的现有域名命名方式。

第二,以机构英译名为基础构造域名主体的规则不一致。以下数据除非特别声明,均以北京市为例,68%的域名主体使用了机构名组成词语的首字母缩写形式,如环保局网站域名主体为 bjepb,取其机构英译名 Beijing Municipal Environment Protection Bureau 各实体词的首字母拼合而成;使用矢名表示管辖行业领域的实体词或变体做域名主体的占32%,如体育局网站域名主体为 bjsport。其他城市的总体分布皆是如此,详情参见图2(Ⅱ)。在主流采用首字母构造法中,又可分为三类情况:其一机构英译名中本身不带功能词的占29%,如审计局网站域

名主体为 bjab,径取机构英译名中各词首字母 Beijing Municipal Audit Bureau;其二为保留机构英译名中功能词的,如商务委员会网站域名主体 bjcoc,取其机构英译名 Beijing Municipal Commission of Commerce 中各词的首字母,此类占14%;其三是省却机构英译名中功能词,如工商局网站域名主体为 baic,取其机构英译名 Beijing Administration for Industry and Commerce 中除功能词 for、and 以外的其他实体词首字母,这类情形约占57%;其他城市三种情形的分布大致类似,多不选用功能词作为域名主体构成成分,详情参见图2(Ⅲ)。

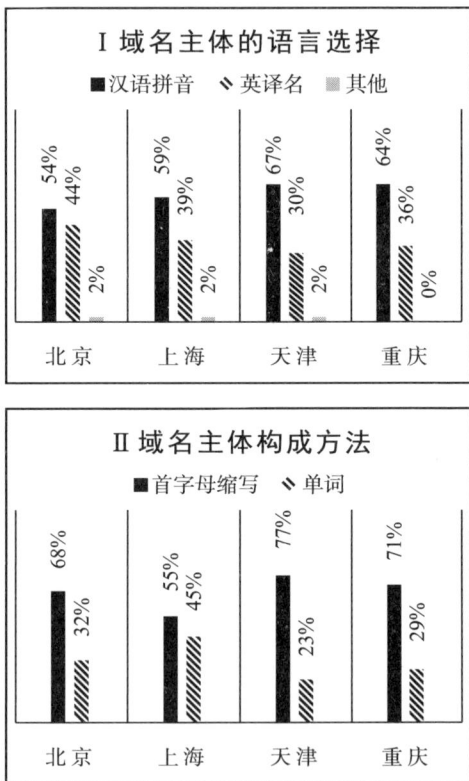

Ⅰ 域名主体的语言选择
■ 汉语拼音　　＼ 英译名　　■ 其他

北京 54% 44% 2%　上海 59% 39% 2%　天津 67% 30% 2%　重庆 64% 36% 0%

Ⅱ 域名主体构成方法
■ 首字母缩写　　＼ 单词

北京 68% 32%　上海 55% 45%　天津 77% 23%　重庆 71% 29%

图2　我国直辖市网站域名主体的语言选择及英语域名构成分布

Ⅲ英译名首字母构造法
■无功能词　　用功能词　省功能词

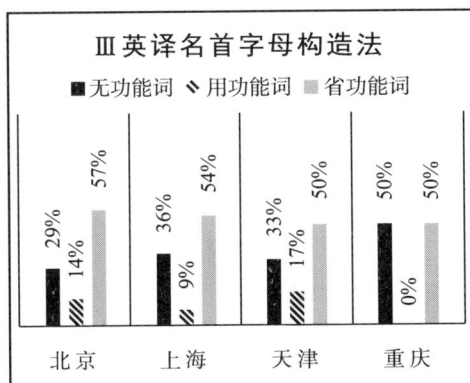

图2（续）　我国直辖市网站域名主体的语言选择
及英语域名构成分布

第三,以机构名汉语拼音为基础构造域名主体的规则也不尽相同。北京市政府87%采用机构名简称的首字母拼写形式,如法制办公室的域名主体为 bjfzb,是法制办公室的简称"法制办"的首字母拼合而成。使用机构名全称首字母拼写的占总体的13%,如公安局网站域名主体为 bjgaj(北京公安局)。详情参见图3(Ⅰ)。在主流采用机构名简称拼音首字母拼合构造方法中,又可细分为两种情况:其一是域名主体后缀上格级名的,如北京市交通委员会域名主体 bjjtw,是其简称"北京交通委"的首字母拼缀,并加入有格级名"委"。这类情形占55%。其二是域名主体省去格级名的,如北京市财政局域名主体 bjcz,即"北京财政"的拼音首字母拼写,省却了格级名"局"。这类情形占45%。参见图3(Ⅱ)。值得注意的是,天津市在拼音首字母构造法是否带有格级名上与其他直辖市呈相反的情况。天津市83%的机构网站域名主体省略格级名简称,缀有格级名的只占17%。重庆市政府机构域名主体在加缀格级名时,多将其放置在前。例如"民政局",上海市表述为 mzj.sh(民政局);但重庆市表述为 jmz.cq(局民政)。

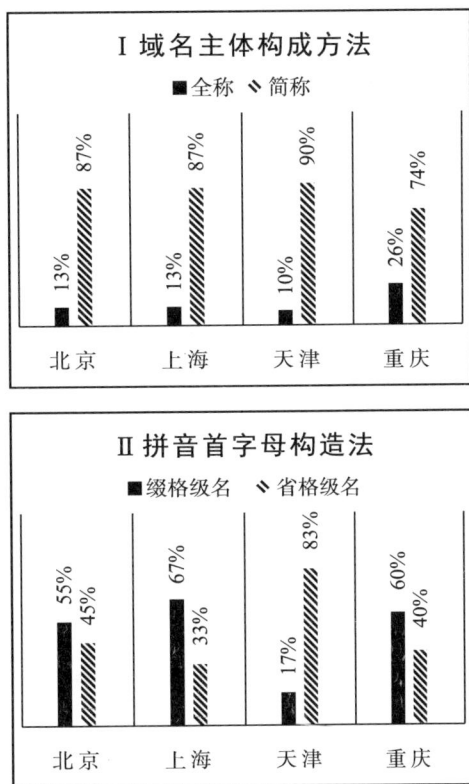

Ⅰ 域名主体构成方法
■全称　　简称

Ⅱ 拼音首字母构造法
■缀格级名　　省格级名

图3　我国直辖市政府机构网站域名主体的
汉语拼音构成规则使用分布

第四,域名主体的长度不一。域名注册长度通常有字符限制,域名过长将增加用户的记忆负担,同时极易带来输入错误。在现实生活中,经常看到政府机构名缩略成3个字形式,如"工业和信息化部"简称"工信部"、"国家发展与改革委员会"简称为"发改委",考虑到各直辖市设机构与国务院组成部门等有垂直性,再加上其两字形式的区域名,我们将域名主体长度设定为5。一是长度不多于5个字符的,如北京市民防局域名主体是 bjmf。这种情形占77%。二是长度多于5个字符,如"北京市新闻广播电视局"的域名主体为 bjpprft。这种情形占23%。参见图4(Ⅰ)。上述两类域名长度还同时具有语言选择上的不同分布:其一,在相对较短的3—5个字符长度的域名主体,汉语拼音占 64％,英译占 36％。因为汉语拼音多采用机构名简称,且取其声母首字母,使域名拼写长度变短。其二,在大于 5 个字符长度的域名主体中,汉语拼音占 20％,英译占 70％,其他类域名为 10％,这是因为机构英译名域名主体采用矢名的单词或变体,使字符数增多。详情见图 4(Ⅱ)(Ⅲ)。天津在域名主体长度多于 5 个字符的语言分布中呈现出其他城市不同的情况,汉语拼音域名主体占一半。从天津市机构网站域名主体长度整体情况来看,天津市只有 8 个(占总数 19％)网站域名主体长度大于 5 字符,是四直辖市中域名长度精简度最高的。汉语拼音、英译名和其他分别为 4 个(50％)、3 个(38％)和 1 个(12％),分布相对比较均匀。这从侧面说明相较于其他直辖市,天津市在机构网站域名主体长度方面控制较好。

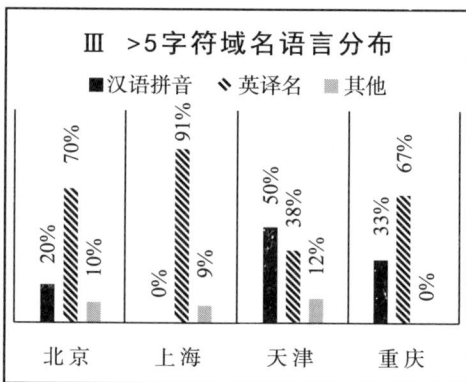

图 4　我国直辖市网站政府机构域名主体的长度分布对比

第五,域名层级性设置四个直辖市内部呈现不同的情况。95％的机构网站域名属于独立域名,5％的部门属于二级域名,参见图5(Ⅰ)。其他直辖市大体也呈现出独立域名占主流的趋势,北京尤为突出。上述两种域名长度还具有语言选择上的不同分布:其一是在独立域名中,汉语拼音域名占 51％,英译域名其 46％,其他类域名占 3％。但上海、重庆呈现不同的分布情况,其独立域名语言选用以英语为主。这些区域的涉外机构均选用独立域名,且采用英译名作为网站域名主体的基础。其二是二级域名中,汉语拼音域名占 100％。详情见图 5(Ⅱ)(Ⅲ)。

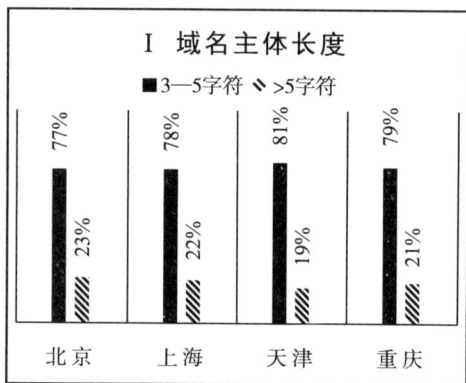

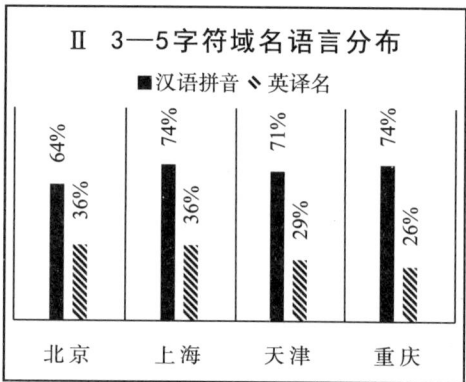

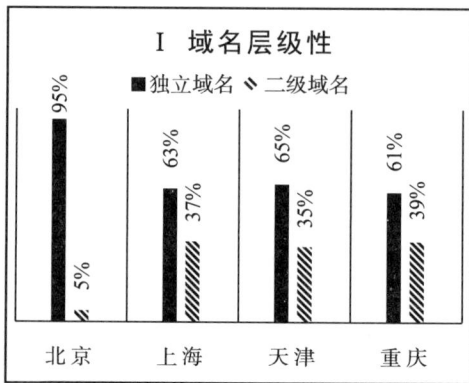

图 5　我国直辖市政府机构网站域名结构层次分布

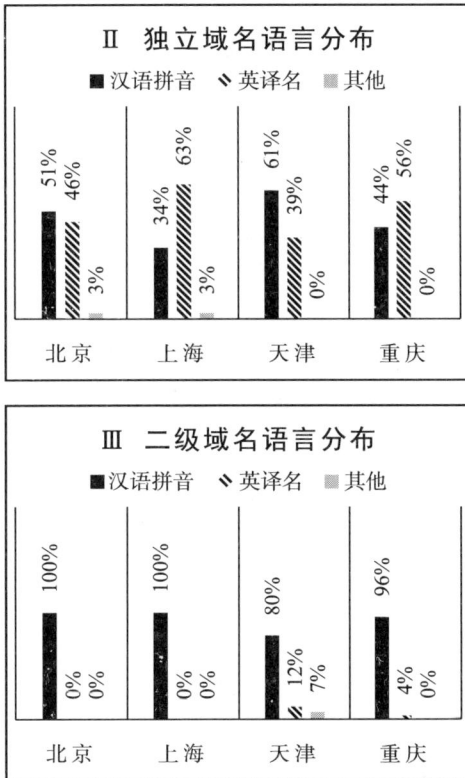

图 5（续）　我国直辖市政府机构网站域名
结构层次分布

（2）同一机构不同城市的域名使用比较

四个直辖市中同名机构有 29 个，它们的网站域名主体设置呈现以下情形：

第一，直辖市政府机构网站域名主体与中央政府部门网站的域名主体设置不一致。除去个别地方政府特有的机构，共获取 24 个相同部门的域名主体。其中 11 个机构与中央机构域名主体保持一致，即按照中央机构网站的域名主体构造规则，再添加行政区域名构造出域名主体。例如国务院侨务办公室域名主体 gqb 是其简称"国侨办"的首字母拼写而成，北京侨务办公室沿用其矢名构造方式"侨办（qb）"，将原区域名"国（g）"变更为"北京（bj）"构成域名主体 bjqb。这种情形占相同部门总数的 46%。采用这种方式构造的直辖市域名主体又分为以下几

种情况：同一部门四直辖市均沿用中央级政府网站域名主体构造方式的为 0；三个直辖市共同沿用的占 9%；两个直辖市共同沿用的占 36%；某一直辖市沿用的占 55%。不同直辖市部门域名在沿用中央级域名的分布也存在差异。沿用中央级域名的，京 21%，沪 21%，津 13%，渝 17%。

第二，四直辖市政府同一机构网站域名主体在语言的选择上不一致。例如审计局，北京、重庆选择英语，上海采用汉语拼音，天津是 IP 地址。我们将其划分为六种类型：C4E0（4 个城市都使用汉语拼音）、C3E1（三城市使用汉语拼音，一城市使用英语，下文类推）、C2E2、C1E3、C0E4 和 C1E2＊1，参见图 6（Ⅰ）。从中可以看出，C4E0 都采用拼音形式的只占 17%，多数域名主体都不尽相同。典型的例子为四个城市的地税局网站域名主体有四种情形，tax861（北京）、tax.sh（上海）、tjcs（天津）和 cq-l-tax（重庆）。北京市采用英语加数字形式，上海和重庆采取英语，天津使用汉语拼音（天津财税）。重庆市地税局域名主体采用连字符形式缀联矢名，更不方便记忆。

第三，四个直辖市政府间同一机构网站域名主体之间无法根据构成规则进行类推，已知某一直辖市机构网站的域名主体，难以类推出另一直辖市同一机构的域名主体。例如"人民防空办公室"在四个城市中都采用汉语拼音为域名主体的基础，但域名主体构成却大相径庭，京 bjmf（北京民防）；沪 mfb.sh（民防办）；津 rmfk.tj（人民防空）；渝 bmf.cq（办民防）。各城市同一机构的可推性主要呈现以下几种情况：其一，以机构英译名为基础的域名主体，同一机构可以泛化推广到四个城市的可能性为 0，三市可推的占总数的 3%，两市间共同的为 28%。其二，以汉语拼音为基础的域名主体，同一部门四市、三市可推均为 0，两市可推的只占 17%。

97

I 语言组合选择分布

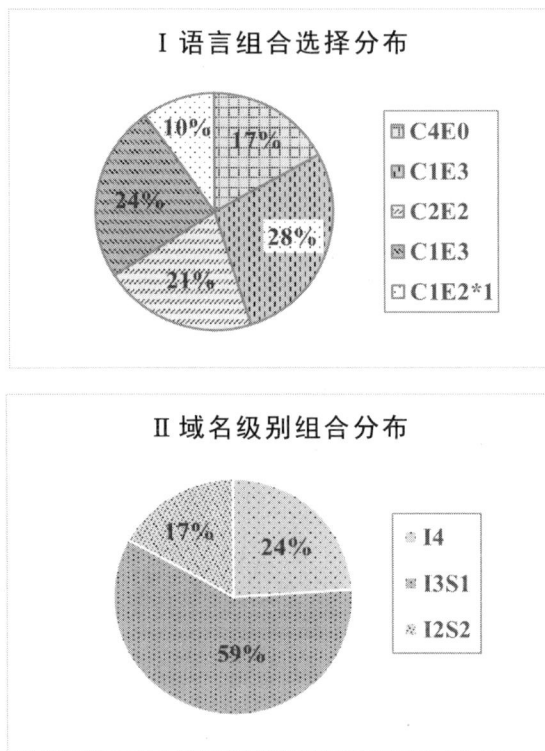

II 域名级别组合分布

图6 直辖市网站域名主体的市际对比图

第四,四直辖市政府同一机构网站域名层次设置存在差异。我们将独立域名(I)和二级域名(S)作为考察变量,发现有如下三种分布情况:I4(4 独立域名 0 二级域名,以下类推)、I3S1 和 I2S2,详情参见图6(II)。59%的相同机构网站域名都采用独立域名设置,没有采用区域二级域名,直接在域名主体上加入区域名。没有任何一家机构域名在各市域名设置中都采用区域二级域名。这与当前国务院力推的使用二级域名作为基础架构设置政府机构网站域名的规范不一致。

二 讨论与解决方案

(一)直辖市机构网站域名主体设置现状讨论

中央机构编制委员会办公室、工业和信息化部 2014 年 2 月联合印发《党政机关、事业单位和社会组织网上名称管理办法》,要求政府部门的网上中英文域名和网站名称应予以规范。一些措施包括网站须注册 gov.cn 顶级政务域名后缀,中文域名总长度不超过 31 个字符、英文域名总长度不超过 63 个字符。域名主体须使用国家机关批准的机构全称和规范简称,或者与其职能或业务范围一致的其他名称等。这在一定程度上促进了政府机构网站的域名规范化工作,有助于民众甄别真伪政府网站。这一文件只是一种原则建议,并没有对域名主体的语言选择和构造规则给出具有操作性的方案,这就使得各政府机构在自设域名主体时有很大的弹性空间。对我国四直辖市政府机构网站域名的考察,发现地方政府机构域名设置不一致,主要表现在以下几个方面。

(1)直辖市政府网站域名主体设置不一致、不可推。

其一表现在对域名主体的语言选择上。四直辖市政府网站域名主体语言的选择呈现出以汉语拼音为主、英语为辅、偶有数字的情况。《中华人民共和国国家通用语言文字法》第 2 章第 9 条规定国家机关以普通话和规范汉字为公务用语用字。国家通用语言文字以《汉语拼音方案》作为拼写和注音工具。政府机构因此理应在语言选择上起示范作用,选用国家通用语言文字作为其网络铭牌,从而带动和推进整个社会的网络向着规范发展。汉语拼音方案经过多年普及已经深入人心,在汉字不便或不能的领域能达到有效传递汉语信息的目的。使用汉语拼音拼写域名主体能够降低我国大多数网民,尤其是不谙英语的民众通过网络获取政务信息,实现高效的政民互动交流。当然针对一些涉外机构服务对象的特殊性,可做一些调整以适应国外对象的访问需求,譬如外事办和旅游局等,选用英文作为域名主体语言更易与世界接轨。而民政局和公安局等这些与民众生活息息相关的机构,使用汉语拼音更适合。

其二表现在域名主体的构造规则上。网站域名主体构造的语言存在差异必然导致域名主体不同,而选用相同语言仍出现不一致的原因则是构造规则的差异。在当前域名主体的构造规则中,首字母缩写是主流,既能保证域名主体贴合实体机构名称,具有区分度,又能有效控制域名长度。以汉语拼音为基础的域名主体大都采用这一规则,区别包括两个方面:一是域名是采用机构名全称还是简称,二是机构简称的不同构造方式。以机构英译名为基础的域名主体还存在使用单词或缩略词的构造规则,一方面造成了形式构造规则上更大的差异,另一方面也人为地给英语水平不高的网民访问政府机构网站造成了障碍。

其三表现在域名主体长度上。域名主体3—5个字符长度的机构最多。四直辖市都呈现这一状态,其中以汉语拼音首字母缩写构造的域名主体,其长度多以 3—5 个字符为主。而这也从一个侧面说明在域名主题设置上使用汉语拼音首字母缩写更为精练,更方便民众记忆,体现政府执政为民的思想。

其四表现在多域名主体并行上。有的机构网站并行存在多个域名,使得有两套甚至三套不一样的域名设置规则。如上海市卫生和计划生育委员会网站域名主体分别为 wsjsw 和 smhb,域名主体分别采用矢名＋格级名的"卫生计生委"的汉语拼音首字母,以及机构英译名"Shanghai Municipal Health Bureau"首字母缩写两套规则构成,通过其中任意一个域名都能访问这些机构的官方网站首页。这些机构域名主体语言和构造规则不同,给民众造成记忆负担,也会影响政府机构在民众心中的权威性。对于机构调整的新旧名称,除了在某一特定过渡阶段,多域名不应长期并用。

(2)我国四直辖市政府部门间的域名主体设置呈现"向上无沿用,平级无类推,向下无示范"的状态。

"向上无沿用"即直辖市机构网站域名主体无法与中央政府同一机构矢名域名主体形成可类推的沿用关系,这使得民众难以从上至下推导出地方政府机构的域名主体。"平级无类推"指同一机构网站域名主体的构造在四个直辖市之间存在很大差异,不可类推。各地方政府同一机构网站域名主体的构造规则各行其是、不成体系,民众已知北京市的机构网站域名,却难以推导上海相同机构的网站域名,对于不同省市的相同机构网站域名主体需要单独记忆,费时费力。"向下无示范"指由于直辖市政府机构网站域名主体设置没有为其下级政府提供可沿用的规范,导致下级政府机构网站域名主体设置的不一致现象。这样垂直管理机构从上至下都不能形成体系,造成整体的域名主体设置的混乱。这种情况不利于政府机构释放以民为主的善意,有悖于建设透明政府、"走群众路线"的初衷。

(3)政府机构域名设置的新变化。

2017 年 6 月,国务院发布《国务院办公厅关于印发政府网站发展指引的通知》(下称国办发〔2017〕47 号)规定中央人民政府门户网站使用"www.gov.cn"域名,其他政府门户网站使用"www.□□□.gov.cn"结构的域名,□□□为本地区、本部门机构名称拼音或英文对应的字符串。例如北京市人民政府门户网站域名为 www.beijing.gov.cn。各部门网站要使用本级政府或上级部门门户网站的下级域名,其结构为"○○○.□□□.gov.cn",○○○为本部门机构名称拼音或英文对应的字符串。该文件为政府机构网站的域名设置提供了规范,有利于帮助网民甄别真假政府机构网站,推动电子政务和电子政府的建设。四直辖市都积极响应,尤以天津市的变化最为突出。

2017年8月,天津根据国办发(2017)47号文,结合当地实际情况发布《天津市人民政府办公厅印发天津市政府网站管理办法的通知》,要求对市级部门政府网站英文域名进行规范。此处所谓的英文域名实际上指的是以拉丁字母表述的域名表述方式。2018年1月,再次发布《天津市人民政府办公厅关于调整规范市级部门政府网站英文域名的公告》,要求各市级部门原有域名应在2018年5月1日起注销,不再使用;并确定市级44个部门的英文域名表。根据该表显示,新域名使用机构名简称汉语拼音首字母构造域名主体的机构占总数的91%,其中加缀格级名的占5%,省略格级名的为95%。在省略格级名的38个机构网站域名中,10个域名主体采用的机构简称与该公告展示的机构简称不一致,例如公告中机构名简称为"科委",其域名主体却采用机构矢名"科学技术"的拼音缩写kxjs。使用英语构造域名主体的4个,占总数的9%,其中使用首字母缩写的为75%,单词占25%。这四家机构分别为外事办公室、人力社保局、国资委和统计局。外事办具有涉外性质,采用机构英译名或许可以解释为便于与世界接轨,但其他三个机构管理职能多与我国百姓生活密切相关,采用机构英译名作为域名主体对外语能力普遍欠佳的民众而言无疑是一个挑战。总体而言,天津市对政府机构域名的规范措施值得肯定。采取二级域名,有利于精简域名主体,但由于缺乏具体可行的域名主体的构造规则标准,导致天津市在实施政府机构网站域名主体调整过程中,还是出现语言选择、构造规则不一的情况,机构简称与域名主体拼音首字母缩写代表的简称不尽相同。因此,仍需细化一个具体可行的地方政府机构的域名主体方案。

(二)地方政府机构网站域名可行方案

域名是政府机构在互联网上的标识。当前域名是民众在茫茫网络世界中找到政府的第一步,也是深入推进互联网政务信息数据和便民服务平台建设的第一步。因此,政府机构网站域名具有权威性和严肃性,必须有统一的规范和标准。域名主体规范、可懂、易记才能为民众提供更好的信息发布和网络交流平台,真正为民众解决实际遇到的政务问题。国办发〔2017〕47号文提出了政府网站域名设置的原则,但并没有推出具体的操作性规定。我国直辖市政府网站域名主体设置仍存在不一致、不可推的混乱现象。为了保证红头文件更具操作性,我们在总结我国直辖市政府网站域名主体设置的基础上,为地方政府机构网站域名主体的设置提出一个解决方案。

(1)选择汉语机构名称作为域名主体语言。普通话和规范汉字是我国通用语言文字,政府机构理应树立榜样,带头遵守国家通用语言文字法。同时由于汉语机构名称在现实生活中早已为民众熟知,而机构英译名对于我国多数百姓来说较为陌生,因此采用汉语机构名作为域名主体也有利于广大网民便捷找到网上政府,这有助于消弭由于技术带来的数字鸿沟。

(2)选用机构名简称的汉语拼音首字母缩写作为政府机构网站域名主体的构造规则。汉语拼音是我国汉字注音拉丁化方案,已经成为国际标准(ISO 7098)。尽管中文域名早在2010年就已经被互联网名称与数字地址分配机构(ICANN)批准使用,囿于历史和习惯因素,中文域名的使用仍未大规模普及。考虑到汉字在全球非华人地区普及率不高的现状以及计算机输入技术的限制,汉字当前还难以成为域名构造的基础。目前以拉丁字母作为域名设置基础更适合,汉语拼音和英语都采用拉丁字母拼写,更便于网络使用。设置网上政府的初衷是更好地为民众提供方便高效的政务服务,域名作为百姓在虚拟世界找到网上政府的铭牌,理应成为"民众友好型"。由于我国百姓的语文及信息素养层次不齐,使用英语作为域名主体将使多数民众无法享受电子政务带来的便利,甚至引发新技术条件下的"信息鸿沟"。经过国家语委多年持续不懈的努力,我国公民的通用语言文字能力已有大幅提升。普通话和汉语拼音方案已成为我国各族人民重要的交际工具,使用汉语拼音作为政府机构网站域名主体构造的首选,具有广泛的群众基础。

以汉语拼音为域名主体基础,域名主体采用政府机构名简称的首字母缩写作为优选方案。其优点一是简称能够有效减少域名主体的长度,避免输入不便造成的拼写错误;二是为人民群众普遍接受,减轻记忆负担。至于机构名简称的选用,除有国家明文规定外,尽量选取网民熟知的表述形式。其具体实施办法为:首先确定各机构是否有明文规定的简称,符合政府机构命名的权威性,再使用搜索引擎对网民搜索用词进行统计分析,以确定检索结果为最纯净且出现频率最高的简称。例如天津市市科学技术委员会(域名主体 kxjs)在其官方网站简称为"科委",但域名主体采用矢名"科学技术"的拼音首字母缩写。利用百度检索构拟的域名"天津科学技术",常出现"天津科学技术委员会"、"天津科学技术协会"、"天津科学技术出版社"、"天津科技馆"等多个不同机构的检索结果。使用检索词"天津科委"则只出现"天津市科学技术委员会",其专指度更强。同时"科委"也是百姓熟知度更高的简称,作为该机构网站域名主体构造的机构名简称更合适。

当然,除了通过直接访问域名找到网上政府,还可以借助商业搜索引擎来定位网上

政府的位置。但搜索引擎是政府与民众之外的商业服务,在算法设计和检索结果呈现上可能会有更多其他考虑。出于服务民众的宗旨,政府机构使用规范、自然的域名,有助于降低民众在网络世界中访问政务信息的门槛,更有利于密切政府和民众的联系。

(3)国办发〔2017〕47号文规定,地方政府机构网站应采用二级域名"○○○.□□□.gov.cn"结构。这种域名构造方式既形式简单,又表义清晰。"○○○"作为机构简称名的拼音缩写串,便于民众记忆,"□□□"作为政府机构所在行政区划简称的拼音缩写,便于类推。仍如上例所指的"科学技术委员会"通常简称为"科委",其拼音首字母串为 kw,采用它作为域名主体,既有红头文件做支持,具有权威性;同时在百姓日常生活中也惯常使用这一称谓,具有一定的群众基础。利用域名构造的结构化特征,使用行政区划的简称作为二级域名,可以方便区分不同区域的相同机关,又具有域名构造的类推性。民众可以方便地从一个已知的特定机构网站域名类推出其他省市相同机构的域名。

因此,当前理想的政府机构域名应该是采用二级域名制的表述形式。在域名主体和二级域名的设置上,分别使用表义准确、百姓熟知的机构名简称的汉语拼音首字母拼写以及区域名简称拼音首字母缩写。

三 结语

政府机构网站域名不仅是其在网络虚拟世界的铭牌,一个规范、便于记忆的网站域名更是维护政府机构权威性,展现政府"执政为民"理念的一种实践。本文考察的四直辖市政府机构网站域名设置的不规范现象加剧了民众访问政府机构网站的记忆负担,不利于深入推进互联网政务信息公开和各项电子政务建设。国办发〔2017〕47号

文的颁布针对政府机构二级域名设置的规定有助于这一现象的改善,但一些更具操作性的处理仍需进一步完善。譬如在域名主体的选择上,采用汉语拼音首字母拼写而非机构英译名;在域名主体的构造规则上,选用民众熟知的机构名简称,而非仅表明机构职能和管辖范围的矢名。这些细化的操作将能较好地保障政府机构域名主体的权威性,进一步增强域名主体构造规则的类推性,对知识文化素养层次不一的我国民众而言,这种符合语言使用规律、切合当前社会现实的域名主体命名方案,无疑有助于破除由于信息技术发展带来的数字鸿沟现象。

参考文献

顾海兵、周双.2008.我国政府网站域名设置的混乱与规范.国家行政学院学报(6).

嵇叶楠、郭靖、李昭涵.2018.2017 我国互联网域名行业回顾及 2018 展望.电信网技术(2).

龙吉江.2010.从实效性看政府网站域名存在的不经济适用问题.电子政务(5).

马晶璐.2013.网站域名的语言学分析.江汉大学学报(社会科学版)(4).

邱均平、宋艳辉.2010.域名分析法的研究——概念、原理、内容与应用.图书情报知识(6).

王伟、戴国强.2011.党政机关网站安全管理规范化建设探究.中国信息界(10).

徐天云.2010."XY 域名"指称化的静态分析和动态考察.语言文字应用(1).

张维维等.2016.基于词素特征的轻量级域名检测算法.软件学报(9).

张宜民.2012.中国省级农科院网站域名使用现状调查.中国农学通报(6).

周清华、强兆枫.2003.对域名问题的法律思考.当代法学(12).

作者简介

赵羚,北京外国语大学中国语言文学学院博士生,主要研究方向为汉语国际教育。电子邮箱:zhaoling_bfsu@sina.com。

熊文新,北京外国语大学中国语言文学学院教授,博士生导师,主要研究方向为汉语国际教育、语料库语言学。电子邮箱:xiongwenxin@bfsu.edu.cn。

Research on the Standardization of Domain Names of Websites of Government Institutions in China's Municipalities

Zhao Ling, Xiong Wenxin

Beijing Foreign Studies University

Abstract:An investigation was conducted on the use of website domain names by government agencies of the municipalities of China, and the rules for naming domain names were discovered, and a plan to standardize domain names was proposed. 193 domain names of city agency websites listed on the portals of the municipalities were selected for this research. It focuses on three kinds of data:the selection of the second-level domain of the domain name, the constituent rules of second-level domain, and the hierarchical representation of domain names; these data were annotated and statistical analysis was performed. The data show that the second-level domain of the domain names of agencies in the municipalities and the same agency across different cities are inconsistent. This paper thus proposes a new plan for setting domain name be set up following the paradigm：an abbreviation of the name of the organization in Hanyu pinyin in the slot of secondary domain name as in "〇〇〇.□□.gov.cn". The rule is proposed for the public to understand and remember. The scope of this investigation is limited to the domain names of the institutions listed in the four municipalities and official portals. A wider range of investigations will be needed in the future.

Key words：municipal government；website domain name；standardization；solution

城市交通标识语言的规范化:以大连市为例[*]

杨春宇

提 要:现代化都市形象不但表现在物化硬件设施上,而且时刻以和谐美丽的城市精神文化建设为标尺。规范的城市公共空间语言景观,从细微处注释着一个城市的符号与文明。其中,规范的城市交通标识作为公共空间语言规划建设和文明城市评估的重要内容,与城市综合治理与和谐美丽息息相关。本文围绕大连城市交通标识的汉语拼音规范化问题展开调查与研究,指出不规范现象在误导市民出行、影响城市评估和损耗城市公共形象等方面的危害。同时,从大连建设东北亚国际航运中心、提升城市文化软实力的战略高度提出相关的对策与建议,旨在为国家及城市的语言政策、语言规范、语言治理及语言生态建设提供个案参照。

关键词:城市交通标识;语言规范化;语言景观;语言治理;语言生态

1958 年 2 月,第一届全国人民代表大会第五次会议批准颁布了《汉字拼音方案》,规定了汉语拼音的使用标准,成为国际表达中国概念拼写时的重要依据。《中华人民共和国国家通用语言文字法》第十八条规定:"《汉语拼音方案》是中国人名、地名和中文文献罗马字母拼写法的统一规范,并用于汉字不便或不能使用的领域。"作为中华文化的一部分,《汉语拼音方案》自颁布之日始已过了 60 个春秋,不但是掌握汉字汉语的必要工具,而且在国际许多领域发挥着不可替代的作用。

然而,在日常生活及公共空间中,汉语拼音国家标准的贯彻与落实出现了一些不够规范的现象。如何推行拼音标准化、规范化,有效治理城市语言乱象,提高全民语言应用能力和国家美丽城市软实力,建设语言生态,是中国城市语言生活绿色发展和现实中须直面解决的重要问题。

一 《汉语拼音方案》与城市公共空间语言规范化建设

(一) 城市公共空间语言规范化建设的必要性

在"依法治国"和绿色发展的大背景下,城市语言规范化的程度已成为衡量城市综合治理能力与管理现代化水平的重要标准,是文明城市评估和语言生态建设的重要内容。因此,我们选取城市公共空间语言规范化问题开展调研,旨在促进文明美丽城市的绿色发展与建设。

1984 年《中国地名汉语拼音字母拼写规范(汉语地名部分)》中对专名、通名的分写和连写做出了部分规定,包括地名、建筑名、各部门名称等。在 2000 年第九届全国人民代表大会常务委员会第十八次会议修订通过了《中华人民共和国国家通用语言文字法》,确立了普通话和规范汉字的重要国家

* 本文为大连市政府发展研究中心课题"大连建设东北亚国际航运中心文化软实力提升战略研究——公共空间(交通)语言建设"(项目编号:2015DLFYZXJ013)部分成果。曾在首届语言文字应用研究优秀中青年学者论坛暨第三届语言文字应用中青年学者协同创新联盟学术研讨会(厦门大学嘉庚学院,2017 年 10 月 29 日)交流。

地位，其中第十八条对汉语拼音的使用做出重要的规定。

此后，地方法规也纷纷出台。如辽宁省的《辽宁省实施〈中华人民共和国国家通用语言文字法〉规定》，针对本省的拼音学习和使用情况做出了规定，其中第七条指出了有关汉字与汉语拼音可以并用的规定。第十条规定："自然地理实体名称，行政区划名称，居民地名称，各专业部门使用的只有地名意义的台、站、港、场等地名标志，应当使用规范汉字，并可以标注汉语拼音，不得使用外国文字。"

2008 年 4 月 23 日发布的《中华人民共和国国家标准（GB 17733—2008）地名·标志》规定了地名标志牌的要求。明确了道路交通标识的汉字名称及汉语拼音的具体要求，特别是对地名中的汉语拼音做出规定：拼音应大写，专名与同名分开写等。

2011 年，沈阳市为了加强公共信息标志标准化管理，方便公众生活，提高城市文明程度和管理水平，根据法律法规并结合本市实际制定了《沈阳市公共信息标准化管理办法》，提出了应当根据相关的《沈阳市公共信息标志标准实施目录》规定来设立公共信息标识。

教育部和国家语委 2012 年推出的《国家中长期语言文字事业改革和发展规划纲要（2012—2020 年）》中，为了更好地推广普通话，把加大《汉语拼音方案》的推行力度作为主要任务之一，同时作为国家语言文字工作总体目标中的一项进行推行。

（二）城市交通标识的语言规范化工作的意义

落实《汉语拼音方案》及国家城市交通标识的语言规范化标准工作具有重要意义：

第一，交通标识中的拼音是代表国家意志的中国文化元素符号，是城市文化国内外表达的重要标志。汉语拼音是全社会都要遵守和通用的国家标准，具有法律效力，承载着中华文化元素的特点与精髓。实行汉语拼音标准化、规范化，是弘扬中华文化，提高国民素质，促进国家统一和民族团结，完善国家及地方的国际形象、国际表达，建设语言生态的自觉要求。

第二，规范体现文明。城市交通标识汉语拼音规范化，是提高城市公共空间文化建设的重要内容之一，是地名、方言地域文化保护与宣传的重要途径，是城市文化软实力建设与绿色发展的重要体现。虽然汉语拼音表面不具有现代文化的时尚气息，但是其所涵盖的博大精深的中国传统文化内涵，在语言频繁接触、中国文化"走出去"的今天，《汉语拼音方案》等国家标准日益彰显出强大的生命力，规范指导着城市的语言生活，成为国家城市评估、语言生态建设、中国文化国际表达的重要内容。

因此，我们必须重视城市交通语言标识的规范工作，而首当其冲的是汉语拼音规范化。

二　大连城市交通标识语言规范化工作存在的问题

本课题组织七个调查小组，对大连城市交通标识语言规范化问题展开实地调研，具体调查地点如下：机场、码头及其周边；中山区；沙河口区；西岗区；井子区；高新园区、旅顺口区；金州、普湾新区。

经过实地调查、拍照、分析，我们发现，大连城市交通语言标识存在以下须规范的问题。

（一）分写、连写不规范

通过对大连市各区的交通标识景观调查发现，交通指示牌上面的对译普遍存在分写、连写不规范的现象（见图 1）。中国地名汉语拼音字母拼写规则（84）中地字第 17 号（汉语地名部分）规定："由专名和通名构成的地名,原则上专名与通名分写。"虽然没有规定通名的具体格式,但二者作为公共交通指示牌必须统一,否则会给行人带来不必要的困扰。

图1 图中的指路牌上该连写的都没有连写

(二)拼音标识的英文对译不准确、不规范

主要表现为拼音、英文混用,同一路牌有不同的标识方式;英文对译、拼音对译字母大小写不规范,英文缩写不规范;拼音对译、英文对译不准确;有的交通指示牌缺少汉语拼音对译或者英文对译(见图2)。

图2 拼音和英文混用

同样作为道路指示牌,有的用拼音标注,有的用英文标注,这样会给行人尤其是外国游客带来不必要的麻烦。而且《中华人民共和国国家通用语言文字法》第十条规定:自然地理实体名称,行政区划名称,居民地名称,各专业部门使用的只有地名意义的台、站、港、场等地名标志,应当使用规范汉字,并可以标注汉语拼音,不得使用外国文字。公共场所和公共设施名称标志,应当使用规范汉字,不得单独使用外国文字,以强化交通标识语言的规范性及汉语的国际化表达。

(三)地名、站牌格式不统一、不规范

以相同邮政编码的街道牌为例,尺寸以及字号大小不一,邮政编码有的出现有的没

有;数字格式也不同,有的在字右侧,有的在下面,有的印上监制部门,有的没有;更重要的是数字代表不同的意义,街道牌上也没有明确规范(见图3)。

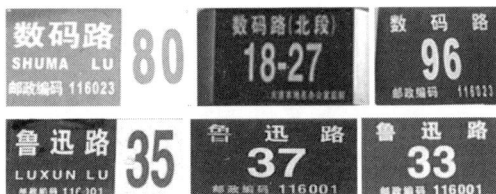

图3 街道牌不统一、不规范

《中华人民共和国国家标准——GB17733—2008〈地名 标志〉》规定:"大门地名标志标示邮政编码时,上部五分之一区域标示院落、独立门户所在街区、村的汉字名称。中部五分之三区域标示该门的编号,编号用阿拉伯数字书写。下部五分之一区域标示该门所在区域的邮政编码,在'邮政编码'四个字后空一格标示编码,编码用阿拉伯数字书写。"建议按标准执行并改为上下布局格式。

(四)隔音符号使用不规范

以"西南路"为例:有的中间空格,有的前两字连在一起,而且没有了隔音符(见图4)。《汉语拼音方案》规定:"当 a、o、e 开头的零声母音节连写在任何一个音节后面时,应将隔音符号标在音节开头字母 a、o、e 的左上方。"所以"西南"二字不存在零声母,之间加上隔音符号是不符合规范的。

图4 隔音符号使用不规范

(五)站牌与地铁、轻轨站名对译不一致,略称标准不统一

随着大连经济的发展,人口越来越多,

交通也随之四通八达。地铁和轻轨在大连城市交通中发挥着重要的作用。但大连市交通标识牌存在不规范现象（见图5和图6）。如"XXX广场"，反映在地铁和轻轨上的站牌与车上的标识报站对译不同，有的是"GUANGCHANG"，有的是"XXX PLAZA""XXX SQ.""XXX SQUARE"，存在全称、略称不统一，字母大小写不统一的现象，极大地影响了城市形象。我们认为应该将对译统一化、略称标准统一化，同时按照国家标准，将站名对译成拼音，这样既统一了标准，也方便了行人出行，形成和谐规范的城市标识文化。

图5 站牌与地铁、轻轨站名对译不一致、略称标准不统一

图6 对译不统一、不规范

（六）不明确国家标准

对于公布的国家标准认识混乱。如国家标准GB5768—1999交通标识大全图示与《中华人民共和国国家标准（GB17733—2008）地名·标志》有矛盾之处，应以上位标准、最新标准为主。个别缺乏规范的新问题应咨询语言专家或国家相应管理部门妥善解决。此外，还存在繁体字标识、多语标识、无拼音标识、错误标识等不规范问题（见图7和图8）。个别问题在金普新区、甘井子区、沙河口区、高新园区有各自不同的表现。

图7 缺少拼音标识

图8 多语标识

（七）其他

第一，站牌颜色不统一（见图9）。有的路牌是浅绿色的，有的则是深绿或者蓝色的，甚至有的上面还有小广告，对路牌的美观有着极大的影响。应统一颜色，使交通站牌更加规范。第二，路牌遮挡（见图10）。调查中发现，有很多路牌已被行道树等遮住了，给行人出行带来很大的不便。应当更换路牌，扫清视觉障碍，让标识在更空旷、更高的位置上，使行人在远处即能见到，这样才能避免不必要的麻烦。第三，指示牌更新不及时。作为国际化城市，经济发展的同时，城市环境的发展也应给予充分的重视。由于大连本身地理历史等特殊性，许多外国友人来旅游或生活，所以大连路面的指示牌对外国友人来说是格外重要的。但大连的很多地方仍存在一些老旧的交通指示牌，这给行人，特别是国外友人带来了诸多不便，应该及时更换。

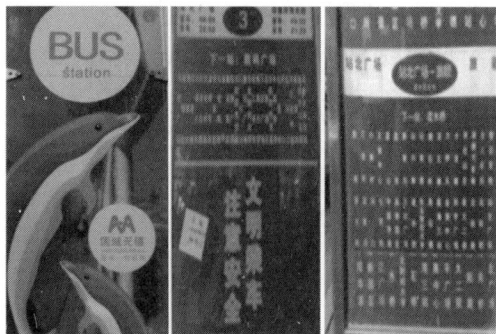

图 9　站牌颜色不统一

图 10　路牌遮挡

诚然，以上有些是大连市特有的问题，有些是中国城市公共空间交通语言景观的共性问题。在解决问题的过程中，宜区别对待，分清轻重缓急，加以妥善解决。我们也留意了一些相关现象：一些机场流动的配餐车存在语言使用不规范现象，如"北京空港配餐有限服务公司""四川航空重庆空港配餐服务有限公司""天津空港经济区"等，"机场/空港"存在中日词汇混淆使用的不规范现象；沈阳地铁站、杭州东站的站牌标识分别出现"沈阳站站""沈阳北站站""火车东站站"等低劣错误，也应在规范整改之列。

三　不规范现象的原因分析及其危害

这些不规范现象既有管理者层面的问题，又有市民层面的问题。

（一）管理者层面的问题

《国家语言文字法》第二十二条规定："地方语言文字工作部门和其他有关部门，管理和监督本行政区域内的国家通用语言文字的使用。"所以应首先从管理者层面寻找工作突破口，分析原因，寻找答案。我们认为：

（1）职能管理部门未能依法落实国家标准，把检查与敦促地方城市公共空间的语言规范化问题纳入城市评估和语言生态治理。

（2）地方语委工作部门执行《国家通用语言文字法》不力，未能很好地行使自己的权力，未能健全专家咨询机制，造成不规范现象频发。

（3）地方城市规划、城市生态文化建设，未能充分重视公共空间语言健康与规范化建设与语言治理问题，未能将其上升到城市形象、城市评估、城市语言生态治理及打造城市文化软实力与绿色发展的高度。

（4）交通、城建等其他有关部门，大部分管理者并不熟悉国家的有关规定，甚至并不知道有相关规定的出台，缺乏语言规范意识，缺乏民族文化自信心。

（5）交通标识制作者、安装者资质审查把关管理不严格，甚至对错误视而不见，没有尽到监管的责任，未严格履行监管的义务，遗留后患，影响城市形象。

（6）有关部门缺乏宣传。缺乏国家标准与正确认知的宣传，不纠错、不改错、将错就错，误导城市交通标识的认知，贻害无穷。

（二）市民层面的问题

市民层面的问题主要有：

（1）市民缺乏城市主人翁意识和责任感。城市交通标识与市民的关系是很密切的，上班下班的路上随处可见，但是很少有人仔细追究其规范与否。

（2）市民认知被误导。市民在不知道规范标准的情况下，觉得既然标注在上面，那么一定是正确的，而且有些市民看出错误来也不敢或不愿意去相关部门报告。

（3）应用语言学专业学者智库作用发挥不力。对国家城市交通标识表达的路径渠道与形式方法研究不够。未能站在城市语言规范化、依法治理城市的高度建议政府规避标识错误。

（三）城市交通标识语言不规范的危害

城市交通标识语言不规范带来的危害主要有：

（1）不规范现象影响国家法律在地方的执行力。国家的法律是针对问题制定实施的，如果交通标识语言景观未能按照法律及国家标准规定来标注，那么国家法律、国家标准就没有发挥其应有的价值，影响了其权威性和强制力的表达。

（2）影响了地方文字语言管理相关部门的公信力。地方的相关部门庸政懒政，在其位不谋其职，会引起老百姓不信任，失信于民，严重影响其公信力。

（3）误导了市民的生活及对于城市交通标识语言规范的正确认知。由于地方语委未完善专家咨询评估机制，市民生活在这个城市，每天最常见到的就是交通标识景观，在潜移默化的作用下，市民们被错误的标识误导，会影响他们的出行与生活，并且会误导他们原有的正确的语言认知。

（4）在城市与世界接轨的发展大趋势中，中国自信表达不充分。城市的文化表现力没能正确地发挥，城市公共空间语言景观的国际表达形象受损，语言乱象，甚至对国家城市的评估与国际竞争力造成极大影响，与十九大提出的建设富强民主文明和谐美丽的社会主义现代化强国发展目标不符。

（5）城市名片与符号受损。城市公共空间的语言景观问题，直接体现城市核心竞争力与现代综合治理能力，是一个文明城市绿色与文明发展的标志。因此对城市公共空间语言规范化的问题绝不容忽视，语言专家和地方语委更要做到零容忍，方能建设健康和谐、绿色发展的城市语言生态。

四 规范与建议

目前，城市交通标识语言规范化工作出现了诸多问题，为进一步规范城市交通标识语言，提高城市形象与文化软实力、核心竞争力，我们提出如下建议：

（一）针对管理者

（1）对城市高层决策部门，要敦促其站在城市综合评估与文化建设、提升城市形象与文化软实力、市民和谐生活的高度认识城市公共空间语言规范表达的重要意义。制定并采取系列相应措施，确保科学合理地限期解决涉及城市评估的这些软肋问题，将其作为城市综合治理与现代化文明绿色城市管理评估的重要内容。

（2）管理者要明确国家具体相关法律法规，加强语言规范意识，对错误标识违法零容忍。要求相关管理者要首先熟悉《国家通用语言文字法》，明确法律标准、规范的具体内容。

（3）管理者在管理城市交通标识的时候，应秉承勤劳为民、严谨为公的准则。经过调查发现，很多问题的原因都归咎于不严谨及懒政方面。所以，作为一名合格的管理者应该执法必严，并设置违法必究等问责机制。随时随地对城市交通的错误标识及汉语拼音不规范之处进行批评指正，限期修订。

（4）要加强宣传力度。广大市民不仅要了解关心城市语言生活、热爱祖国语言文字、熟悉国家标准、掌握汉语拼音规范、促进城市语言生活和谐，而且要加强《汉语拼音方案》及相关国家标准规范的宣传与应用，以《汉语拼音方案》颁布60年来的实践与成就作为规范的动力，并形成自觉。

（5）坚持标准，提高执行力。我们不能人为地制造国内一个标准、国际一个标准。在用到中国人名地名英文标注时，管理者应仔细查阅国家规定,严格使用汉语拼音规范标注。明确这些标准既是国家标准,更是国际准则,很多外国友人都已经采用了这种方式来理解中国名称,我们有什么理由不规范使用呢?随着中国国力的增强,他国与我国文化融合的意愿加大,中国文化也不断向外传播,在传播过程中,我们要最大化地注重在国际舞台上,充满自信地"原汁原味"地挖掘和传播国家标准。对内也要自觉维护与遵守这些唯一的标准。

(6)增强中国文化自信。面对来势强劲的西方文化冲击时,管理者不但不应该表现出文化自卑或模糊状态,而应该首当其冲地维护国家语言文字使用的规范与国家标准。由于管理者的似是而非、认识模糊,就会造成有的管理者面对错误标志不知所措,甚至良莠不分,不能辨别错误或不规范的交通标识,进而造成错误被复制、被传染扩大,甚至泛滥成灾。此外,要克服崇洋媚外心理,强化甄别外国文化的能力。如果缺乏对于他国文化的辨别能力,又没有胆量去交流,只知道去夸大本国文化,搞文化上的沙文主义,其结果也只能是拒绝外国文化,作茧自缚。

(7)处理好执行城市交通标识国家标准与国际化城市表达的关系问题。一方面,坚守标准;另一方面,从多角度综合探索现代化城市国际表达的路径与渠道。

(8)充分发挥高校研究队伍及专家智库咨询与志愿者服务的作用。在国家规范标准已制定、地方政府重视执行不力的情况下,专家宜组织培训志愿者,加大对地方决策者、执行者、监管者与普通市民的咨政、服务与宣传。提供"立地生根"的语言治理与生态建设服务,是现代大学的重要使命之一。建议在实施文明城市评估、语言规范化评估中严控公共空间语言评估的标准,明确指导与监管地方相关部门的责任,实施一票否决;从副省级城市抓起,延伸至一般地级城市,直至县区、乡村,以提升城市公共空间语言景观的规范化水平。

(二)针对市民

作为城市中的一员,市民朋友们要主动学习和理解公共空间语言的规范写法,从基础抓起,在基础教育、地方史教育、汉语拼音教学的板块,加入相关内容,深入领会国家规范的深刻内涵与文化意义。应该切实大力宣传,使每个市民提升城市主人翁的责任感。认识到每个人都既是城市的建设者,又是受益者。每个市民都应自觉关注城市交通标识,在不经意间发现错误,并及时大胆地向有关部门反映,为城市语言生态建设与绿色发展贡献自己的力量。

五 结语

综上,通过对大连交通标识语言规范化现状的调查,我们发现城市交通语言景观主要存在:印刷错误、缺少英文拼音对译或英文拼音对译不规范、道路指示牌和公交站点通名名称不统一、道路指示牌被遮挡、老式路牌没有及时更新、书写格式不规范、路牌英文缩写不统一、对译不规范、个别标记不准确、个别外文标注·多语标注·繁体标注须取缔等问题。诚然,这并非仅是大连市的问题,而带有一定的普遍性。所以,对于城市交通标识语言规范化问题,政府与市民要充分重视,以积极的态度应对解决,同时要加强宣传,增强市民的主人翁意识。

既然我们已有《国家通用语言文字法》,有各种国家标准可依,那么我们就要不折不扣地维护和贯彻执行《国家通用语言文字法》及各种国家标准。各省和地方城市语言工作委员会不但要切实成为宣传、执行、监管落实《国家通用语言文字法》的直接责任部门,而且要充分调动发挥高校研究队伍及专家智库咨询与志愿者服务的作用,形成合力,齐抓共管,积极推动城市交通标识语言规范化工作,整治乱象,以更健康、更规范的标识宣传展示城市公共空间文化形象与城市综合实力,重视城市语言生态与绿色发展,建设美丽城市和美丽中国。

参考文献

中国文字改革委员会.汉语拼音方案.1958-2-11.

中华人民共和国主席令第37号.中华人民共和国国家通用语言文字法.2000-10-31.第十八条.

中华人民共和国主席令第37号.中华人民共和国国家通用语言文字法.2000-10-31.第二十二条.

辽宁省人民代表大会常务委员会公告第32号.辽宁省实施《中华人民共和国国家通用语言文字法》规定.2005-5-28.第七条.

辽宁省人民代表大会常务委员会公告第32号.辽宁省实施《中华人民共和国国家通用语言文字法》规定.2005-5-28.第十条.

中华人民共和国国家标准(GB17733—2008).地名·标志.2008-04-23.

中华人民共和国教育部.中地字第17号.中国地名汉语拼音字母拼写规范(汉语地名部分).(84).2009-01-12.

沈阳市政府令第25号.沈阳市公共信息标准化管理办法.2011-07-11.

教育部国家语委.国家中长期语言文字事业改革和发展规划纲要(2012—2020年).2013-01-06.

教育部国家语委.国家中长期语言文字事业改革和发展规划纲要(2012—2020年).2013-01-06.

作者简介

杨春宇,博士,辽宁师范大学文学院教授,主要研究方向为汉语音韵学、方言学、社会语言学研究。电子邮箱:yang200656877@163.com。

Language Normalization of Urban Traffic Signs: A Case Study of Dalian

Yang Chunyu
Liaoning Normal University

Abstract:The image of a modern city is not only manifested in the materialized hardware facilities, it is also measured by the harmonious beautiful spiritual and cultural construction of citizens all the time. Normative linguistic landscape in the urban public space annotates the symbol and civilization of a city in the details. Standard urban traffic signs is an important component in language planning and building in the urban public space and in the evaluation of a civilized city; They are closely related to the goal of building a harmonious and beautiful city. This paper investigates and researches the standardization of the Chinese phonetic alphabets on the urban traffic signs in Dalian. This paper points out the harm of non-standard usage in providing misleading travel information, affecting urban evaluation and damaging the public image of the city. At the same time, it puts forward relevant countermeasures and suggestions from the strategic height of Dalian's construction as the international shipping center in Northeast Asia and the promotion of Dalian's cultural soft power. The goal of this paper is to promote language planning and urban cultural construction of the urban public space in Dalian, and to provide a case reference for language policies, language standards, language governance and language ecological of the cities, the provinces and the country.

Key words:urban traffic signs; language normalization; linguistic landscape; language governance; language ecology

第十六届城市语言调查国际学术研讨会

2018年9月11—14日，由南京大学中国语言战略研究中心、国际城市语言学会、湘潭大学日本大分大学联合主办，由大分大学经济学部承办的"第十六届城市语言调查国际学术研讨会"在日本大分市举行。来自大陆和港澳台地区，以及日本、德国、英国、加拿大、以色列、马来西亚等国家或地区的100多位专家学者参加了此次会议。

本届会议的主题是"语言与经济"，包括以下分议题：语言产业及语言服务、语言景观与城市语言调查、城市语言接触与变化、语言政策与语言传承、语言习得与双语教育、年轻人语言及网络语言等。

大分大学副校长下田宪雄教授、中国社会科学院学部委员黄行教授、国际城市语言学会会长徐大明教授分别致开幕辞。英国约克大学教授、英国国家学术院院士保尔·克斯威尔(Paul Kerswill)教授，德国杜伊斯堡-埃森大学弗洛里安·库尔马斯(Florian Coulmas)教授，日本国立国语研究所井上史雄(Fumio Inoue)教授分别作了题为"城市方言的起源：基于19世纪英国经济变迁与人口统计""经济理论与语言的扩散"和"语言与经济：以城市地区的农村为例"的主旨报告。

在8个分论坛发言中，来自各国多所高校和研究所的学者围绕"语言使用与语言生活""民族语言保护""城市语言变异""城市语言景观""语言经济与语言产业""语言技术与语言服务"等话题开展研讨。大家认识到，城市化的快速发展使得城市语言生活发生了很大的变化，语言深度接触带来的言语社区重组、方言和少数民族语言流失、语言服务匮乏、语言歧视和冲突等问题不断呈现，迫切需要学者们开展调查研究，分析问题症结，提出解决方略，制定城市语言规划方案。研讨会的召开有助于强化城市语言研究国际间的合作，促进城市语言研究走向深入，推动城市语言研究理论的深化。

闭幕式上，南京大学中国语言战略研究中心主任徐兴无教授总结了"城市语言调查国际学术研讨会"的发展历程，对研讨会今后的发展提出了许多设想和建议。"城市语言调查国际学术研讨会"2003年由南京大学发起创办，迄今已连续举办了16届。研讨会旨在研究城市化进程中产生的实际语言问题，为城市语言政策制定的科学化提供参考。

最后，国际城市语言学国际城市语言学会顾问、陕西师范大学杜敏教授代表第17届城市语言调查国际学术研讨会主办方代表致辞。

"语言资源与语言规划丛书"书讯

南京大学中国语言战略研究中心一直致力于译介国外语言政策与语言规划方面的经典著作。为此,中心先后与商务印书馆和外语教学与研究出版社合作,推出了"语言规划经典译丛"与"语言资源与语言规划丛书"。斯波斯基的《语言政策——社会语言学中的重要论题》是其中最先被选中和引进的,该书由张治国教授翻译,于2011年出版。

其后,又有赖特的《语言政策与语言规划——从民族主义到全球化》(陈新仁译,2012),埃杰的《语言规划与语言政策的驱动过程》(吴志杰译,2012),卡普兰和巴尔道夫的《太平洋地区的语言规划和语言教育规划》(梁道华译,2014),托尔夫森的《语言教育政策:关键问题》(俞玮奇译,2014),孔特劳、菲利普森、斯库特纳布-坎加斯和瓦劳迪的《语言:权利和资源——有关语言人权的研究》(李君、满文静译,2014)。

到了2016年,斯波斯基的《语言管理》(张治国译)和约翰逊的《语言政策》(方小兵译)又分别由商务印书馆和外语教学与研究出版社出版。2017年,中国语言战略研究中心规划由外语教学与研究出版社出版两本译著:约瑟夫的《语言与政治》(林元彪译)和弗格森的《语言规划与语言教育》(张天伟译,实际出版时间为2018年)。按照中国语言战略研究中心的规划,2018年和2019年将出版4本译著,其中,肖哈米的《语言政策:隐意图与新方法》(尹小荣译)和库尔马斯的《文字与社会导论》(阎喜译)将在2018年年底与读者见面。如此算来,截至2018年年底,上述两个丛书将共计出版译著12本,其中外语教学与研究出版社承担的"语言资源与语言规划丛书"出版9本。

今年出版的两个译本非常契合语言规划学界的需要。肖哈米的《语言政策:隐意图与新方法》通过分析有关语言使用的各种决策,关注这些决策对社会不同群体带来的影响及潜在制约,来探究语言政策实施背后的隐性意图,揭示了用于制定语言政策的各种具体机制,适合语言学、教育学、社会学、政治科学、哲学、传播学等学科的学生和研究者使用。库尔马斯的《文字与社会导论》纠正了西方语言学界轻视文字的做法,指出,最近社会经济和科技的发展已经证明,字母文字比其他文字系统更适合现代生活的观点是错误的,文字不应该被看作"仅仅"是口语的一种表现形式而已。在科技创新的驱动下,新的书面交际形式不断出现,网络空间看到比过去更多的语言文字系统,有关文字与社会的研究也达到一个全新层面。这些研究成果对于国内学界有一定的启发意义,也必定会推动中国语言政策与规划学科的发展。

丛书出版的目的是促进中外语言规划领域的学术交流与合作。语言规划学科在我国还是一个正在兴起的学科,这方面引进的资料很少,可供检索和参考的中文资料十分有限。李宇明教授在丛书序言中指出,"'语言资源与语言规划丛书'此时出版,恰得其时,相信能为新世纪的中国语言规划起到重要的学术借鉴作用"。

　　中国语言战略研究中心原主任徐大明教授亲自指导挑选原著、译者与审订者，并要求在每本书后面都有中英文对照的"译名表"。丛书在处理语言政策与规划的专业术语和专有名词时，特别注意译名的规范性，尽量为学界提供统一的、权威的译名，以此推进学科建设的发展。

　　经过丛书主编、编委、译者、审订专家、外语教学与研究出版社责任编辑的通力合作和不懈努力，"语言资源与语言规划丛书"阵容不断扩大，成为国内语言政策类图书品牌的一面旗帜，成为许多高校社会语言学和语言规划学方向硕博士研究生的必读书目。

　　目前，"语言资源与语言规划丛书"的出版获国家"双一流"建设学科"南京大学中国语言文学艺术"项目、江苏高校优势学科建设工程"南京大学中国语言文学"项目和江苏省 2011 协同创新中心"中国文学与东亚文明"项目资助。

Contents

图书在版编目(CIP)数据

中国语言战略. 2018. 1 / 徐大明主编. —南京：
南京大学出版社，2018.8
    ISBN 978 - 7 - 305 - 21157 - 7

    Ⅰ.①中… Ⅱ.①徐… Ⅲ.①语言规划—研究 Ⅳ.
①H002

    中国版本图书馆 CIP 数据核字(2018)第 254825 号

出版发行 南京大学出版社
社　　址 南京市汉口路 22 号　　　　邮　编 210093
出 版 人 金鑫荣

书　　名 中国语言战略(2018.1)
主　　编 徐大明
责任编辑 荣卫红　　　　　　　编辑热线　025 - 83685720

照　　排 南京紫藤制版印务中心
印　　刷 常州市武进第三印刷有限公司
开　　本 787×1092　1/16　印张 7.75　字数 174 千
版　　次 2018 年 8 月第 1 版　2018 年 8 月第 1 次印刷
ＳBN 978 - 7 - 305 - 21157 - 7
　　　定　价　36.00 元

　：http://www.njupco.com
　微博：http://weibo.com/njupco
　信号：njupress
　热线：(025)83594756